| 人文与社会科学文丛 |

幸福经济学选读

马克思恩格斯分册

傅红春　蒲德祥　任海燕 ◎编著

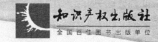

知识产权出版社

全国百佳图书出版单位

图书在版编目（CIP）数据

幸福经济学选读. 马克思恩格斯分册 / 傅红春，蒲德祥，任海燕编著. —北京：知识产权出版社，2018.7

（人文与社会科学文丛）

ISBN 978 - 7 - 5130 - 5206 - 1

Ⅰ.①幸… Ⅱ.①傅… ②蒲… ③任… Ⅲ.①马恩著作—幸福—经济学—语录 Ⅳ.①F0 ②A16

中国版本图书馆 CIP 数据核字（2017）第 257216 号

责任编辑：刘　爽　　　　　责任校对：谷　洋
封面设计：春天书装　　　　责任印制：刘译文

幸福经济学选读

马克思恩格斯分册

傅红春　　蒲德祥　　任海燕　编著

出版发行：**知识产权出版社**有限责任公司	网　　址：http://www.ipph.cn
社　　址：北京市海淀区气象路50号院	邮　　编：100081
责编电话：010 - 82000860 转 8125	责编邮箱：39919393@qq.com
发行电话：010 - 82000860 转 8101/8102	发行传真：010 - 82000893/82005070/82000270
印　　刷：北京九州迅驰传媒文化有限公司	经　　销：各大网上书店、新华书店及相关销售网点
开　　本：787mm×960 mm　1/16	印　　张：12.5
版　　次：2018年7月第1版	印　　次：2018年7月第1次印刷
字　　数：210千字	定　　价：48.00元
ISBN 978 - 7 - 5130 - 5206 - 1	

出版权专有　侵权必究

如有印装质量问题，本社负责调换。

经济学对"幸福"的离弃与回归 *

"斯密之谜"的一种解释

　　英国学者斯密（1723～1790）给后人留下了两个"谜"：一个谜是他自己提出来的，一般称为斯密的"价值之谜"，说的是钻石用处小而价格高，与水用处大而价格低的矛盾，这个谜的谜底被19世纪70年代出现的边际学派给出，得到大家公认；另一个谜是斯密去世后的19世纪中叶，由德国历史学派经济学家提出的，一般称为"斯密之谜""斯密问题""斯密难题""斯密悖论"，说的是斯密两部著作，即《国富论》与《道德情操论》的矛盾。这个谜的谜底，一百多年来众说纷纭，未有定论。本书关注的正是这一个未解之谜。

"斯密之谜"的几种解释

　　对于是不是存在"斯密之谜"，本身就有不同意见。有人认为，"斯密之谜"是个伪命题，没有"谜面"，也就无从谈到"谜底"了。在认为确实存在"斯密之谜"的人中间，对于"谜面"到底是什么，也有不同意见。而谜面的确定（两个不同的斯密，如何表述，如何概括，如何比较），直接关系到谜底的探究和揭晓。

　　有人说，矛盾在于：《道德情操论》中把人的行为归结于同情，《国富论》中把人的行为归结于自私。《道德情操论》表明，斯密在伦理学上是利他主义者，研究道德世界的出发点是同情心；而《国富论》则表明，

---

　　* 傅红春. 经济学对"幸福"的离弃与回归——"斯密之谜"的一种解释[G].刊光明日报（理论周刊），2017-6-12（10）.

斯密在经济学上是利己主义者，研究经济世界的出发点是利己心。也有人说，《道德情操论》与《国富论》其实是同一个经济学的"上、下册"。《道德情操论》是经济学的"感性学分册"，《国富论》是经济学的"理性学分册"。有人认为，"斯密之谜"是"经济人"与"道德人"的冲突问题。这种冲突，17世纪中叶的霍布斯提出过，与斯密同时代但比斯密成名早的休谟提出过，休谟和斯密之后的康德提出过，现代的帕森斯和哈贝马斯也提出过。

笔者认为，《道德情操论》的斯密和《国富论》的斯密并非截然相反、针锋相对、不可调和，因为《道德情操论》和《国富论》是斯密长时间地、交叉地、多次打磨而成。《道德情操论》初版于1759年问世，1790年的第六版是定型版；《国富论》初版于1776年出版，1786年的第四版是定型版。不管有意无意，斯密的思想不可能是断裂的、游离的。

说《道德情操论》的斯密和《国富论》的斯密完全是一回事，没有一点差别，也说不过去。那么差别在哪里呢？笔者认为，前面列出的几个"谜面"都有一定道理。但笔者还有一个"谜面"，那就是《国富论》的主题是"财富增长"，而《道德情操论》的主题则是"欲望约束"。

"斯密之谜"的谜面与谜底

认为《国富论》的主题是"财富增长"，应该不会有什么疑义，但认为《道德情操论》的主题是"欲望约束"，明确提及的人不多。如果细读此书，会找到许多证据，限于篇幅，只引一段："称为节制的美德存在于对那些肉体欲望的控制之中。把这些欲望约束在健康和财产所规定的范围内，是审慎的职责。但是把它们限制在情理、礼貌、体贴和谦虚所需要的界限内，却是节制的功能。"《道德情操论》论及的"道德情操"，在斯密时代，就是用于说明具有自私本能的人，为什么又不可思议地会具有克制这种自私本能的能力。

简单地说，笔者给出的"谜面"是"财富增长"和"欲望约束"（两者看似矛盾，其实一点也不矛盾）。那"谜底"呢？就是幸福，或者说是"幸福最大化"。

"幸福=效用／欲望"的公式是萨缪尔森给出的，但这个公式体现的思想内涵，在斯密那里是存在的。《国富论》就是告诉人们，如何使"财

富"（更现代的表述就是"效用"）更快更大地增长；《道德情操论》就
是告诉人们，如何使"欲望"在道德规范约束下不至于恶性膨胀（这和许
多宗教所推崇的"无欲"是有区别的）。

为什么会有"斯密之谜"

值得思考的一个问题是，在斯密那里，分述财富增长（《国富论》）
和欲望约束（《道德情操论》），对于"幸福最大化"而言，思想上、逻
辑上和操作上都是一致的，为什么后来会演变成一个世界性"难题"——
"斯密之谜"了呢？

这是因为，斯密之后主流经济学的发展，越来越离弃了幸福。这种离弃，
在凯恩斯（1883～1946）那里达到极致，至今还有着广泛而深刻的影响。

在德国历史学派经济学家于19世纪中叶提出"斯密之谜"之前，汤普
逊（1775～1833）就非常明确并尖锐地指出了经济学对"幸福"的这种离
弃。他在1822年完成的《最能促进人类幸福的财富分配原理的研究》一书
中写道：一切研究经济学的人，"都可以被分为两派——精神学派和机械学
派。'精神学派'宣称人只要依靠自己的精神力量，差不多不必凭借物质的
从属作用，就能够得到幸福；'机械学派'则正好采取了另一个极端……
他们的唯一目标就是做出这样的安排……尽可能多地生产……；另一方
面，则是想出各种办法来找到足够的消费者使用生产出来的这些物品……
这一派学者所关心的，只是怎样达到最高额的生产和保证最大的消费或有
效需求。"

汤普逊所划分的两派，前一派到后来基本上不再被认为是经济学家
（至少不是主流经济学家），而后一派则离"幸福"越来越远。最开始的
离弃，也许只是研究方法的需要：一是因为幸福没有标准的统一的定义，
很难定性，进而造成幸福很难定量；二是财富确实是增进幸福的重要手
段。所以，在很多的经济学研究中，直接研究的就是既容易定性又容易定
量的财富。

对"效用"的研究，逆转了经济学发展离弃幸福的趋势，是难得的对
幸福的回归。讲"效用"比讲"财富"更靠近幸福，但这种回归并不彻
底，也不成功，因为效用也很难计量。

不管是有意还是无意，不管经济学家的内心是否还记得"财富增长可

以带来幸福增长"的假定，经济学的发展，表现出对幸福越来越漠视和疏远。西尼尔（1790～1864）明确说："作为一个政治经济学家，我所要研究的不是幸福而是财富；我不但有理由省略，而且也许必须省略掉一切与财富无关的考虑。"到了被认为是新古典经济学奠基人的马歇尔（1842～1924），财富也好，效用也好，进一步被规定为必须由货币来表示，经济学就是研究如何使个人的货币收入最大化（包含了企业的利润最大化）。

如果极端一点讲，凯恩斯关注的就是一个国家总体的货币收入（现代说法就是GDP）。总供给总需求模型也好，Is—LM模型也好，财政政策也好，货币政策也好，只要消费沦落为生产的附庸和工具，幸福就消失得无影无踪，这就是GDP崇拜症的根源。

就我国的情况看，在经济改革之前，有点汤普逊所批评的"精神学派"的倾向；而经济改革之后有一段时间，则有点汤普逊所批评的"机械学派"的倾向。事实证明，这两种倾向，都不是"幸福最大化"这个终极目标本身。

回归幸福："两个斯密"合二为一

国内外越来越多的经济学家认识到，"财富增长促进幸福增长"只是一个假定，而非一个绝对的普遍的真理。在现代经济学对幸福的回归中，许多研究表明，财富增长不一定带来幸福增长。在这些经济学家中，1998年诺贝尔经济学奖得主、被誉为"现代斯密"的阿玛蒂亚·森，是一个代表；2002年诺贝尔经济学奖得主卡尼曼，也是一个代表。但是，完全否定这个假定，认为财富增长一定不带来幸福增长，甚至是一定带来幸福的负增长，也是不对的。财富增长不一定带来幸福增长，在逻辑上并不能够推出幸福增长要求财富负增长（实证研究也不支持这种推论）。

回归幸福的经济学，也不否定已有的经济学的成就。幸福经济学作为分析和追求效率的科学，当我们记住成本和收益不只是以货币计量的所费和所得，其终极目标是"幸福最大化"时，仍然是非常有用的。

本书使用指南

内容按《马克思恩格斯全集》中各著作的先后排序，摘录以尖括号上角标的形式标注了引文在原书中的页码，以方便读者查阅原著。

特别需要指出的是，本书有些内容是马克思恩格斯对其他人言论的引用（有些只是转述，有些是赞同，有些是批评），所以要弄清马克思、恩格斯的原意，请读者一定读《马克思恩格斯全集》原文。

目　　录

《马克思恩格斯全集》*（第一卷）

　　伊壁鸠鲁在哲学中感到满足和幸福。他说："要得到真正的自由，你就必须为哲学服务。凡是倾心降志地献身于哲学的人，用不着久等，他立即就会获得解放，因为服务于哲学本身就是自由。"因此，他教导说："青年人不应该耽误了对哲学的研究，老年人也不应该放弃对哲学的研究。因为谁要使心灵健康，都不会为时尚早或者为时已晚。谁如果说研究哲学的时间尚未到来或者已经过去，那么他就像那个说享受幸福的时间尚未到来或者已经过去的人一样。"德谟克利特不满足于哲学而投身于经验知识的怀抱，而伊壁鸠鲁却轻视实证科学，因为按照他的意见，这种科学丝毫无助于达到真正的完善。他被称为科学的敌人，语言文学的轻视者。人们甚至骂他无知。在西塞罗的书中曾提到，有一个伊壁鸠鲁派说："但是，不是伊壁鸠鲁没有学识，而是那些以为直到年迈还应去背诵那些连小孩不知道都觉得可耻的东西的人，才是无知的人。"[24]

　　人们曾经嘲笑伊壁鸠鲁的这些神，说它们和人相似，居住在现实世界的空隙中，它们没有躯体，但有近似躯体的东西，没有血，但有近似血的东西；它们处于幸福的宁静之中，不听任何祈求，不关心我们，不关心世界，人们崇敬它们是由于它们的美丽，它们的威严和完美的本性，并非为了谋取利益。[35]

　　　* * * * *

　　*　《马克思恩格斯全集》由中共中央马克思恩格斯列宁斯大林著作编译局编译而成。全集是无产阶级的伟大导师和领袖，马克思主义创始人马克思和恩格斯一生的全部著述的汇集。所收著作按写作或发表的时间顺序编排。

正如自然哲学的任务一般是研究最主要的事物的原因一样，认识天象时的幸福感也是建立在这个基础上的。关于星辰的升起和降落、星辰的位置和亏蚀的理论本身，并不包含有关幸福的特殊根据；不过，恐惧却支配着那些看见这些现象但不认识它们的性质及其主要原因的人。直到今天，关于天象的理论据说对其他科学所拥有的优越地位才被否定了，这一理论才被置于和其他科学同等的地位。[58]

* * * * *

必须摒弃这样一种成见：认为只要对那些对象的研究的目的仅在于使我们得到心灵的宁静和幸福，这种研究似乎就是不够彻底、不够精细的。相反，绝对的准则是一切扰乱心灵的宁静、引起危险的东西，不可能属于不可毁灭的和永恒的自然。意识必须明白，这是一条绝对的规律。[59]

* * * * *

第欧根尼·拉尔修，第10卷第122节："青年人不应该耽误了对哲学的研究，老年人也不应该放弃对哲学的研究。因为谁要使心灵健康，都不会为时尚早或者为时已晚。谁如果说研究哲学的时间尚未到来或者已经过去，那么他就像那个说享受幸福的时间尚未到来或者已经过去的人一样。让老年人和青年人都来研究哲学吧；这样，前者在垂暮之年可以通过欣慰地回忆过去，因拥有财富而永葆青春，后者则因为对未来无所畏惧，既显得年轻，同时又很成熟。"[70]

* * * * *

欧塞比乌斯《福音之准备》第14卷第782页及以下各页："他（德谟克利特）把偶然变成了一般的东西和神性的东西的主宰和君主，并且断言，一切事物都由于偶然而产生，但是，他把偶然从人的生活中排除出去，并把宣扬偶然的人斥责为蠢人。他在《遗训》的开头说：'人们虚构出偶然的幻影来掩盖自己的非理性'。因为理性就其本性来说是反对偶然的，而且有人曾说，理智的这个最凶恶的敌人战胜了理性，或者更确切地说，人们完全丧失了理性，从而以偶然代替理性。因为人们不把理智评价为幸福的，而是把偶然称颂为理智的。"[72]

* * * * *

第欧根尼·拉尔修，第10卷第79节："但是，属于关于降落和升起、转向、亏蚀和与此有关的现象的理论的东西，丝毫不能增进认识时得到的幸福感，那些虽然知道这些现象但不认识它们的性质和主要原因的人，内心仍然像不知道那样充满恐惧，也许会更加感到恐惧。"[95]

* * * * *

第欧根尼·拉尔修，第97节："其次，天体运转的次序应当像在我们这里发生的有些事件那样去理解，但是绝不能把神性与此联系起来；应当使神性摆脱义务，而去享受一切幸福，因为如果不这样做，那么对天象原因的全部解释都将是毫无意义的，而有些人的情况正是如此，他们没有坚持可能的解释方法，而是陷入虚妄的解说之中，因为他们认为各种现象只以一种方式发生，于是把其他一切可能的解释方式都排除在外；因此，他们就陷入不可思议的境地，并且无法把必须作为迹象来认识的（地上的）现象提出来加以比较。"[96]

* * * * *

霍尔巴赫的《自然体系》（1770年伦敦版）第2部分第79页："如果把道德建筑在一个行为变化不定的神的并不真正合乎道德的品格之上，那么人无论在他对于神的义务方面，在他自己对自己的义务方面，还是在他对别人的义务方面，都始终不可能知道他该遵循什么。因此，最有害的事莫过于劝人相信存在着一种超自然的存在物，在这种存在物面前，理性必须默不作声，为了成为一个幸福的人，你就必须为这个存在物牺牲尘世上的一切。"[98]

* * * * *

当你能够想你愿意想的东西，并且能够把你所想的东西说出来的时候，这是非常幸福的时候。[135]

* * * * *

我们也希望做公平而温厚的人。虽然我们（要知道，我们是某种形式的政府）不容许任何否定的评价、赞扬或斥责，不容许社会舆论影响我们神圣不可侵犯的人格，但是，我们容许善意的忠告，所谓善意，不是在抽象的意义上的，即这种忠告希望全省幸福，而是在比较响亮动听的意义上说的，即它对等级代表怀有满腔的温情并对他们的优秀品质分外赞扬。<161>

* * * * *

根据第 1 节，国家元首集"国家的全部职责与权利"于一身。但这并不是说，国家最主要职责就是镇压异端（谬误）和保证来世幸福。<216>

* * * * *

社论曾表明自己的国家观念"不强"，现在它又表现出自己的"基督教"观念很差。

"世界上的一切报刊文章，都不能使那些大体上已经感到安乐和幸福的居民相信他们是在走霉运。"原来如此！要对付报刊文章，物质上的安乐和幸福感是比救苦救难、无坚不摧的坚定信仰更可靠的东西！海尔梅斯并没有唱道："我们的上帝是一座坚固的城堡！"这样看来，"广大群众"真正的宗教热情倒比"少数人"文雅的世俗教养更容易被疑问锈蚀！<218>

* * * * *

请读一读圣奥古斯丁的《论神之都》，研究一下教父们的著作和基督教精神，然后再来告诉我们："基督教国家"是国家还是教会？难道你们的实际生活不是每时每刻都证明你们的理论是谎言吗？难道你们认为你们因权利被侵犯而诉诸法庭是不正确的吗？然而使徒却说，这样做不对。当有人打了你们的左脸时，你们是连右脸也送上去呢，还是相反，去控告这种侮辱行为呢？但是，福音书却禁止这样做。难道你们在这个世界上不要求合理的权利吗？难道你们不因为稍微提高捐税而抱怨吗？难道你们不因为个人自由稍被侵犯就怒不可遏吗？然而有人却告诉你们，此生的苦难同来世的欢乐相比又算得了什么，而忍让恭顺和憧憬幸福才是主要的美德。<224>

*　*　*　*　*

当我们询问这些反对者（他们不是教会见解的反对者，也不是上述其他缺点的反对者）他们的论断的根据是什么的时候，他们总是向我们叙述那些违反本人意愿而结合的夫妻的不幸。他们抱着幸福主义的观点，他们仅仅想到两个人，而忘记了家庭。他们忘记了，几乎任何的离婚都意味着家庭的离散，就是纯粹从法律观点看来，子女及其财产也不能按照随心所欲的意愿和臆想来处理。如果婚姻不是家庭的基础，那么它也就会像友谊一样，不是立法的对象了。<347>

*　*　*　*　*

尽管我们由于体质不适合我们的职业，不能持久地工作，而且很少能够愉快地工作，但是，为了恪尽职守而牺牲自己幸福的思想激励着我们不顾体弱去努力工作。如果我们选择了力不胜任的职业，那么我们绝对不能把它做好，我们很快就会自愧无能，就会感到自己是无用的人，是不能完成自己使命的社会成员。由此产生的最自然的结果就是自卑。还有比这更痛苦的情感吗？还有比这更难于靠外界的各种赐予来补偿的情感吗？自卑是一条毒蛇，它无尽无休地搅扰、啃啮我们的胸膛，吮吸我们心中滋润生命的血液，注入厌世和绝望的毒液。<458>

*　*　*　*　*

这些职业能够使具有合适才干的人幸福，但是也会使那些不经考虑、凭一时冲动而贸然从事的人毁灭。在选择职业时，我们应该遵循的主要指针是人类的幸福和我们自身的完美。不应认为，这两种利益会彼此敌对、互相冲突，一种利益必定消灭另一种利益。相反，人的本性是这样的：人只有为同时代人的完美、为他们的幸福而工作，自己才能达到完美。如果一个人只为自己劳动，他也许能够成为著名的学者、伟大的哲人、卓越的诗人，然而他永远不能成为完美的、真正伟大的人物。历史把那些为共同目标工作因而自己变得高尚的人称为最伟大的人物；经验赞美那些为大多数人带来幸福的人是最幸福的人；宗教本身也教诲我们，人人敬仰的典范，就曾为人类而牺牲自己——有谁敢否定这类教诲呢？如果我们选择了最能为人类而工作的职业，那么，重担就不能把我们压倒，因为这是为大家做出的牺牲；那时我们所享受的就不是可怜的、有限的、自私的乐趣，我们的幸福将属于千百万人，我们的事业将悄然无声地存在下去，但是它会永远发挥作用，而面对我们的骨灰，高尚的人们将洒下热泪。^{<459>}

* * * * *

要想研究奥古斯都时代是怎样一个时代，有几种可以用来对此做出判断的方法：首先，可以把它同罗马历史上的其他时期加以对比，因为如果指出奥古斯都时代同那些人们称之为幸福时代的先前时代相似，而同那些在同时代人和现代人看来风尚已经变坏、国家四分五裂并在战争中遭到多次失败的时代不相似，那么根据这些时代即可以对奥古斯都时代做出结论；其次，需要研究古代人们对这个时代做了哪些评价，异国人对这个帝国是怎么看的，他们是否害怕它或者轻视它；最后，还得研究各种技艺和科学的状况如何。^{<461>}

* * * * *

但是，奥古斯都时代不应该受到我们的过分赞扬，以致我们看不到它在许多方面都不如布匿战争以前的时代。因为，如果一个时代的风尚、自由和优秀品质受到损害或者完全衰落了，而贪婪、奢侈和放纵无度之风却充斥泛滥，那么这个时代就不能称为幸福时代；但是，奥古斯都的统治，他为改善动荡的国家状况而选拔的人们所建立的机构和制订的法律，对于消除内战造成的混乱起了很大的作用。^{<463>}

《马克思恩格斯全集》（第二卷）

在施里加先生看来，教养、文明就等于贵族的教养。因此，他看不到，工业和商业正在建立另一种包罗万象的王国，根本不同于基督教和道德、家庭幸福和小市民福利所建立的包罗万象的王国。但是我们怎样到公证人雅克·弗兰那里去呢？这太简单了！<89>

* * * * *

有人在向群众的、物质的犹太人宣扬基督教关于精神自由、理论自由和这样一种唯灵论自由的教义——这种自由认为自己即使在束缚中也是自由的，这种自由觉得自己很幸福，即使这种幸福仅存在于"观念中"，而且这种自由只会受到一切群众存在的排挤。<89>

* * * * *

人的一切情欲都是正在结束或正在开始的机械运动。追求的对象就是我们谓之幸福的东西。人和自然都服从于同样的规律。强力和自由是同一的。<164>

* * * * *

霍尔巴赫："人在他所爱的对象中，只爱他自己；人对于和自己同类的其他存在物的依恋只是基于对自己的爱。""人在自己的一生中一刻也不能脱离开自己，因为他不能不顾自己。""不论在任何时候和任何地方，都只是我们的好处、我们的利益……驱使我们去爱或去恨某些东西。"（《社会体系》1822年巴黎版63第一卷第80页、第112页）。但是，"人为了自身的利益必须要爱别人，因为别人是他自身的幸福所必需的……道德向他证明，在一切存在物中，人最需要的是人"。"真正的道德也像真正的政治一样，其目的是力求使人们能够为相互间的幸福而共同努力工作。凡是把我们的利益同我们同伴的利益分开的道德，都是虚伪的、无意义的、反常的道德"（第116页）。"爱别人……就是把自己的利益同我们同伴的利益融合在一起，以便为共同的利益而工作……美德不外就是组成社会的人们的利益"（第77页）。"人若没有情欲或愿望就不成其为人……人若是完全撇开自己，那么依恋别人的一切动力就消灭了。人若对周围的一切漠不关心，毫无情欲，自满自足，就不成其为社会的生物……美德不外是传送幸福"（第118页）。"宗教的道德从来也没有能把世俗的人变成比较有社会性的人"（第36页）。[169]

* * * * *

边沁。我们只引证边沁驳斥"政治意义上的普遍利益"的一段话。

"个人利益必须服从社会利益。但是……这是什么意思呢？每个人不都是像其他一切人一样，构成了社会的一部分吗？你们所人格化了的这种社会利益只是一种抽象：它不过是个人利益的总和……如果承认为了增进他人的幸福而牺牲一个人的幸福是一件好事，那么，为此而牺牲第二个人、第三个人以至于无数人的幸福，就更是好事了……个人利益是唯一现实的利益。"[170]

* * * * *

不能不承认，经过一场海格立斯式的斗争（批判在这场斗争中所追求的唯一目的就是把自己同非批判的"世俗的群众"甚至同"一切"隔绝），批判终于幸福地达到了它那孤独的、上帝似的、自足的、绝对的存在。如果说，当它的这种"新面貌"初次表现出来的时候，罪恶的情感的旧世界看来对它还有某些支配力的话，那么，我们现在就将在某个"艺术形象"中看到它的美学的渐趋冷静和飞升。它要在"艺术形象"中为自己赎罪，以便最后作为第二个胜利的基督来完成批判的末日的审判，并在战胜龙之后安然地升入天堂。[206]

* * * * *

她说，她一进入新的、良好的环境，就只是感到新的幸福："我曾经每一分钟都在想念着鲁道夫先生。我时常抬头望着天，但不是在那里找上帝，而是找鲁道夫先生，好向他道谢。是的，我在这一点上责备了我自己，我的神甫；过去我想念他比想念上帝为多；因为他为我做了唯有上帝才能做出的事情…… 我是幸福的，幸福得跟永远逃脱了大险的人一样。"新的、幸福的生活境遇只是如实地感到是一种新的幸福，也就是对这种境遇抱着自然的而不是超自然的态度，这在玛丽花看来已经是不可饶恕的了。她已经谴责自己不该把救她的人如实地看作自己的救星，而没有用想象中的救星——上帝来代替他。她已经为宗教的伪善所支配，这种伪善把我对别人的感恩拿过来归之于上帝，把人身上一切合乎人性的东西一概看作与人相左的东西，而把人身上一切违反人性的东西一概看作人的真正的所有。<221>

* * * * *

这时，牧师的伪善的诡辩达到了极点："恰巧相反，这是你的幸福，玛丽花，是你的幸福！主使你受到良心的谴责、这种谴责虽然充满了痛苦，但却是与人为善的。它证明你的灵魂有宗教的感受性…… 你所受到的每一点苦难都会在天上得到补偿。相信我的话，上帝一时把你放在邪路上，是为了以后让你能得到忏悔的荣誉和赎罪所应有的永恒的奖励。"<222>

* * * * *

一个人既然把自己的迷误看作渎犯上帝的无限罪行，那么他就只有完全皈依上帝，对尘世和世俗的事情完全死心，才能确信自己的得救和上帝的仁慈。玛丽花既然已经领悟到使她解脱非人的境遇是神的奇迹，那么她要配得上这种奇迹，她自己就必须成为圣徒。她的人类的爱必须转化为宗教的爱，对幸福的追求必须转化为对永恒福祐的追求，世俗的满足必须转化为神圣的希望，同人的交往必须转化为同神的交往。上帝应当完全掌握住她。她自己给我们揭穿了为什么上帝不肯把她完全掌握住的秘密。她还没有全心全意地皈依上帝，她的心还困惑于尘世的事情。这是她那健全的天性的最后一次闪光。她终于完全皈依上帝了，因为她完全脱离了尘

世，入了修道院。<224>

* * * * *

但是，为这一切付出了多大的代价，这只有在以后才看得清楚。只有在大街上挤了几天，费力地穿过人群，穿过没有尽头的络绎不绝的车辆，只有到过这个世界城市的"贫民窟"，才会开始觉察，伦敦人为了创造充满他们的城市的一切文明奇迹，不得不牺牲他们的人类本性的优良品质；才会开始觉察，潜伏在他们每一个人身上的几百种力量都没有使用出来，而且是被压制着，为的是让这些力量中的一小部分获得充分发展，并能够和别人的力量相结合而加倍扩大起来。在这种街头的拥挤中已经包含着某种丑恶的违反人性的东西。难道这些群集在街头的、代表着各个阶级和各个等级的成千上万的人，不都是具有同样的属性和能力、同样渴求幸福的人吗？难道他们不应当通过同样的方法和途径去寻求自己的幸福吗？<304>

* * * * *

当然，饿死的人在任何时候都仅是个别的。但是，有谁能向工人保证明天不轮到他？有谁能保证他经常有工作做？有谁能给他担保，如果明天厂主根据某种理由或者毫无理由地把他解雇，他还可以和他的全家活到另一个厂主同意"给他一片面包"的时候？有谁能使工人相信只要愿意工作就能找到工作，使他相信聪明的资产阶级向他宣传的诚实、勤劳、节俭以及其他一切美德真正会给他带来幸福？谁也不能。工人知道他今天有些什么东西，他也知道明天有没有却由不得他；他知道，任何一点风吹草动、雇主的任何逞性、商业上的任何滞销，都可以重新把他推入那个可怕的旋涡里去，他只是暂时从这个旋涡里面挣扎出来，而在这个旋涡里面是很难而且常常是不可能不沉下去的。他知道，如果他今天还能够生存，那么，他明天是否还有这种可能，就绝对没有把握了。<306>

* * * * *

每一个大城市都有一个或几个挤满了工人阶级的贫民窟。的确，穷人常常是住在紧靠着富人府邸的狭窄的小胡同里。可是通常总给他们划定一块完全孤立的地区，他们必须在比较幸福的阶级所看不到的这个地方尽力挣扎着活下去。英国一切城市中的这些贫民窟大体上都是一样的；这是城市中最糟糕的地区的最糟糕的房屋，最常见的是一排排的两层或一层的砖房，几乎总是排列得乱七八糟，有许多还有住人的地下室。这些房屋每所仅有三四个房间和一个厨房，叫作小宅子，在全英国（除了伦敦的某些地区），这是普通的工人住宅。这里的街道通常是没有铺砌过的，肮脏的，坑坑洼洼的，到处是垃圾，没有排水沟，也没有污水沟，有的只是臭气熏天的死水洼。城市中这些地区的不合理的杂乱无章的建筑形式妨碍了空气的流通，由于很多人住在这样一个不大的空间里，所以这些工人区的空气如何，是容易想象的。此外，在天气好的时候街道还用来晒衣服：从一幢房子到另一幢房子，横过街心，拉上绳子，挂满了湿漉漉的破衣服。<307>

* * * * *

卡莱尔关于棉纺工人所说的话，也适用于英国的一切产业工人："他们的生意永远像赌博一样，今天还很兴隆，明天就完蛋；他们的生活也很像赌徒，今天奢侈豪华，明天就忍饥挨饿。阴郁的反叛的不满情绪（一个人心中所能蕴藏的最痛苦的感情）吞没了他们。英国商业以它那殃及全世界的痉挛般的动荡，以它那无可比拟的普罗特斯——蒸气，把他们的一切生路都弄得很不可靠，使他们陷入走投无路的境地；冷静、沉着、长期的安静，人类这些最起码的幸福他们是没有的……对于他们，这世界并不是家，而是一个充满了荒唐而无谓的痛苦，充满了愤激、怨恨，对自己和对全人类的仇恨的阴森的监牢。这是上帝所安排、所统治的、青葱翠绿百花盛开的世界呢，还是魔鬼所安排、所统治的弥漫着硫酸铜蒸汽、棉絮尘埃、醉后的吵嚷、愤怒和苦役的、阴暗而沸腾的陀斐特呢？"<403>

* * * * *

还能够想象出一件比这封信里所描写的更荒谬更不近情理的事情吗？但是这种使男人不成其为男人、女人不成其为女人而又既不能使男人真正成为女人、也不能使女人真正成为男人的情况，这种最可耻地侮辱两性和两性都具有的人类尊严的情况，正是我们所赞美的文明的最终结果，正是几百代人为了改善自己和自己子孙的状况而做的一切努力的最终结果！眼看着人们的一切勤劳和努力到头来都成为笑柄，我们只能对人类和人类的命运本身感到失望，或者承认人类社会以前在追求自己的幸福时走错了

道路。^{<432>}

* * * * *

即使我举的例子再少一些，大家还是会同意我的意见：我们只能对人类和人类的命运本身感到失望，或者承认人类社会以前在追求自己的幸福时走错了道路。显然，工人应该设法摆脱这种非人的状况，应该争取良好的比较合乎人的身份的状况。如果他们不去和资产阶级的利益——剥削工人——做斗争，他们就不可能做到这一点。但是资产阶级却用他们的财产和他们掌握的国家政权所能提供的一切手段来维护自己的利益。工人一旦表明要摆脱现状，资产者就立刻成为他们的公开敌人。^{<500>}

* * * * *

宪章主义的民主和过去一切资产阶级政治上的民主的区别也就在这里。宪章主义本质上是一种社会性的现象。最多只能促使宪法做某些修改的"六条"，在激进资产者看来已经是万事俱备，但它对无产者来说不过是一种手段而已。"政治权力是我们的手段，社会幸福是我们的目的"，这就是宪章主义者现在明确地喊出的口号。^{<524>}

* * * * *

我从来没有看到过一个阶级像英国资产阶级那样堕落，那样自私自利到不可救药的地步，那样腐朽，那样无力再前进一步。在这里我指的首先是狭义的资产阶级，特别是反对谷物法的自由资产阶级。在资产阶级看来，世界上没有一样东西不是为了金钱而存在的，连他们本身也不例外，因为他们活着就是为了赚钱，除了快快发财，他们不知道还有别的幸福，除了金钱的损失，也不知道还有别的痛苦。^{<564>}

* * * * *

但是工人不再上资产阶级的当了，特别是在1842年的起义以后。谁说自己关心工人的幸福，工人就要求他宣布赞成人民宪章来证明自己的诚意。因此，工人反对一切不相干的帮助，因为在宪章里他们所要求的只是赋予他们以权力，以便他们能够自己帮助自己。谁不同意这样，工人便有充分的理由向他宣战，无论他是公开的敌人，还是伪装的朋友。此外，为了把工人争取到自己这方面来，反谷物法同盟采用了最卑鄙的谎言和诡计。它企图使工人相信，劳动的价格和粮食的价格成反比，粮价低工资就高，反过来也是一样。它企图用最荒唐的论据来证明这个论断；而这个论断本身就比出自任何经济学家之口的任何主张都要荒唐。当这一切都无济于事的时候，他们就答应工人说，对人手的需求增加，就会带来最大的幸福。他们甚至无耻地抬着两个大面包模型在街上走，在大的一个上写着"八便士一个的美国面包，工资一天四先令"，而在另一个小得多的上面写着"八便士一个的英国面包，工资一天两先令"。但是工人并没有上当，他们对自己的老板认识得太清楚了。[569]

* * * * *

这种困难处境的真正原因究竟在哪里呢？小资产阶级的破产、贫富之间的鲜明的对照、商业的不景气和由此而产生的资本浪费的现象是由什么引起的呢？就是人们的利益彼此背离。我们大家辛勤劳动的目的只是为了追求一己之利，根本不关心别人的福利。可是，每一个人的利益、福利和幸福同其他人的福利有不可分割的联系，这一事实却是一个显而易见的不言而喻的真理。虽然我们大家都应该承认，没有自己的伙伴我们就寸步难行，应该承认仅仅是利益把我们大家联系起来，但是我们却以我们的行动来践踏这一真理，我们把我们的社会安排得好像我们的利益不但不能一致，而且还是直接对立的。我们已经看到，这种严重的错误带来了什么样的后果。要消除这种悲惨的后果，就必须消除这种错误。而共产主义就抱着这样的目的。[605]

* * * * *

或许你们当中有人觉得，要提高以前被轻视的阶级的地位，就不能不降低自己的生活水平，如果是这样的话，那么就应当记住，我们谈的是为所有的人创造生活条件，以便每个人都能自由地发展他的人的本性，按照人的关系和他的邻居相处，不必担心别人会用暴力来破坏他的幸福；而且也应当记住，个人不得不牺牲的东西并不是真正的人生乐趣，而仅仅是我们的丑恶的制度所引起的表面上的享乐，它是和目前享受这些虚伪的特权的人们的理智和良心相矛盾的。我们决不想破坏那种能满足一切生活条件和生活需要的真正的人的生活；相反地，我们尽一切力量创造这种生活。即使把这点撇开不谈，如果你们认真地考虑一下，我们现代的制度一定会引起什么样的后果，这种制度会把我们引入什么样的矛盾的迷宫，什么样的混乱状态，那么，诸位先生，你们也肯定地会得出结论说，社会问题是值得认真而彻底地加以研究的。如果我能促使你们这样做，那么我的演说的目的也就完全达到了。[626]

* * * * *

要是反对拿破仑的战争确实是争取自由、反对暴政的战争，那么结果就应该是所有被拿破仑征服了的国家，在拿破仑垮台之后，都宣布平等的原则，享受到平等原则带来的幸福。但是事实恰恰相反。[639]

* * * * *

拿破仑垮台之后，普鲁士国王过了几年最幸福的生活。的确，他受了各方面的欺骗。英国欺骗他，法国欺骗他，他自己的亲爱的朋友奥国皇帝和俄国皇帝也一次又一次地欺骗他。但是由于他满腔热情，他甚至没有发现这一点；他没有想象到，世界上会有一些坏蛋胆敢欺骗"公正大王"弗里德里希·威廉三世。他很高兴，因为拿破仑被打倒了，他没有什么可以惧怕的了。[644]

* * * * *

我们在前一封信里已经指出，普鲁士国王弗里德里希·威廉三世在摆脱了对拿破仑的恐惧之后，过了几年幸福安宁的生活，后来又遇到了新的魔鬼——"革命"。我们现在来研究一下"革命"是怎样进入德国的。[644]

* * * * *

到会的人向哈尼欢呼了两三次，他接着说道：法国革命所面临的真正的大问题是消灭不平等，建立能够保障法国人民过幸福生活的制度，人民大众是从来没有过这种幸福生活的。如果我们用这块试金石来考验革命活动家，我们就会很容易给他们做出正确的评价。[669]

* * * * *

巴贝夫就是其中的一个，他是以他的名字命名的那个著名的密谋的组织者。这个密谋的目的是要建立一个真正的共和国，在这个共和国里不容许有个人主义的自私自利的行为（鼓掌），不存在私有财产、货币和一切穷困的根源（鼓掌），大家的幸福应当建立在大家共同劳动和平等享受福利的基础上。<672>

《马克思恩格斯全集》（第三卷）

用一位英国经济学家的话来说，这种关系就像古代的命运之神一样，逍遥于寰球之上，用看不见的手分配人间的幸福和灾难，把一些王国创造出来又把它们摧毁掉，使一些民族产生又使它们趋于衰亡；但随着基础（私有制）的消灭，随着对生产实行共产主义的调节（这种调节消灭人们对于自己产品的异化关系），供求关系的统治也将消失，人们将使交换、生产及其相互关系的方式重新受自己的支配。[40]

* * * * *

共产主义应该以"大家幸福"为自己的目的。这看起来确实是这样，似乎在这里谁也不会吃亏。但这种幸福究竟是什么样的呢？难道所有的人都有同样的幸福吗？难道所有的人在同一环境中都感到同样的幸福吗⋯⋯ 如果是这样，那么这里谈的就是"真正的幸福"。这样一来，我们不是恰好来到宗教开始暴虐统治的地方了吗⋯⋯ 社会宣告某种幸福是"真正的幸福"，例如，正直地用劳动得来的享乐就可称为这种幸福，但你却宁愿要快乐的懒惰，在这种情况下社会⋯⋯将表现出明智的戒备，不会给你所需要的那种幸福。共产主义宣布大家幸福，正是消灭那些至今仍靠利息为生的人的幸福。

"如果是这样"，那么从这里可得出下列的等式：

$$大家幸福 = 共产主义$$

如果是这样，那么：

= 所有的人都有同样的幸福

= 所有的人在同一环境下感到同样的幸福

16

　　　　= 真正的幸福

　　　　=（神圣的幸福、圣物、圣物的统治、教阶制）

　　　　= 宗教的暴虐统治

　　　　　　共产主义 = 宗教的暴虐统治

　　"这看起来确实是这样"，似乎"施蒂纳"在这里关于共产主义所说的，与他过去关于其他一切所说的毫无二致。[238]

　　　　* * * * *

　　我们的圣者究竟多么深刻地"洞察"了共产主义，可以从下面这一点看出：他硬说共产主义要把"正直地用劳动得来的享乐"作为"真正的幸福"来实行。除了"施蒂纳"和一些柏林的鞋匠和裁缝之外，谁会想到"正直地用劳动得来的享乐"，而且谁还会叫共产主义者来说这样的话（在共产主义者那里，劳动和享乐之间的对立的基础消失了）！我们的有高尚道德的圣者对此尽管放心好了，"正直的劳动所得"将会留给他以及他所不自觉地代表的那些人，即他的因经营自由而破产的并在精神上"愤怒的"小手工业师傅。"快乐的懒惰"也纯属最庸俗的资产阶级观点。但我们所分析的全篇话的精华是他关于共产主义者的资产阶级的狡猾想法：共产主义者要消灭食利者的"幸福"，同时却谈论"所有人的幸福"。由此可见，"施蒂纳"相信：在共产主义社会中还会有食利者，而他们的"幸福"却必须加以消灭。他断言：食利者的"幸福"是现在作为食利者的个人内部所固有的，它与食利者的个性不可分割；他以为，对于这些个人来说，除了由他们这种食利者的地位所决定的"幸福"之外，不能有其他任何"幸福"。他还相信，当社会还必须进行反对食利者以及诸如此类的人的斗争时，共产主义社会制度就已经确立了。当然，只要共产主义者到了力所能及的时候，他们会毫不客气地去推翻资产阶级的统治并消灭它的"幸福"。至于这种为他们的敌人所共有的、由阶级关系所决定的"幸福"是不是也要作为个人的"幸福"求得某种被愚蠢地假定出来的怜悯，他们是毫不介意的。[239]

　　　　* * * * *

　　"我们！"这个"我们"是谁？可是"我们"想也没有想到过"接受批判的指示"。这样，此刻正处于"批判"的警察监视之下的圣麦克斯在这里要求"所有的人都感到同样的幸福""所有的人在同一环境中都感到同样的幸福""直接受宗教的暴虐统治"。[291]

* * * * *

圣者用这种方法又来进行关于自由、幸福和富裕的思辨：

基本等式：人民 = 非我

等式1：   人民的自由 = 非我的自由

                  人民的自由 = 我的非自由

                  人民的自由 = 我的不自由

（这个等式也可以倒转过来，于是就得出一条伟大的原理：我的不自由 = 奴役就是人民的自由）

等式2：   人民的幸福 = 非我的幸福

                  人民的幸福 = 我的非幸福

                  人民的幸福 = 我的不幸福

（倒转过来说：我的不幸福、我的痛苦就是人民的幸福）

等式3：   人民的富裕 = 非我的富裕

                  人民的富裕 = 我的非富裕

                  人民的富裕 = 我的贫穷

倒转过来说：我的贫穷就是人民的富裕。这也可以随心所欲地继续推下去，也可以扩充来说明其他的特征。[314]

* * * * *

我们知道，圣桑乔已经是作为一个自我一致的利己主义者而成为自己的特性的主人的。现在为了变成世界的主人，他只要把世界变成自己的特性就行了。达到这个目的的最简单的方法就是：桑乔把"人"的特性及其中包含的全部胡说，直截了当地说成是他自己的特性。例如，他把博爱的胡说作为这个我的特性加在自己身上，他说，他爱"每一个人"，不过是用利己主义的意识去爱的，因为"爱使他幸福"。谁有如此幸福的运气，谁无疑就属于要听到下面的话的这样一些人："你们要倒霉的，你们引诱这样的反的结论来的。"[331]

* * * * *

桑乔在这里指出在竞争着的人们之间没有"协议",这一点和他进一步对于竞争的论断是既符合又矛盾的,这些论断我们在"评注"("维干德"第173页)中可以欣赏到。

"人们之所以采用竞争,是因为人们认为它对一切人都是幸福。关于竞争,大家约定试图一致地对待它……关于它大家都同意……就像猎人们在打猎时可以认为分散在森林里'单个地'狩猎很有效一样……当然,现在看出……竞争时并不是每个人都有所收获……"[431]

* * * * *

傅立叶在描述现今这些逍遥作乐的企图时,指出了它们与现存生产关系和交往关系的联系,并且驳斥它们;而桑乔却远远没有想批判它们,他准备把它们全部搬到他那种给人们带来幸福的"相互协议"的新制度中去,这只是再一次证明了他是多么坚决地充当现存资产阶级社会的俘虏。[487]

* * * * *

人们由于现实的生活条件而与自身或与他人发生的冲突,在我们这位教书匠看来,就是人们同关于"人"的生活的观念之间的冲突,而这些观念不是人们自己塞进自己头脑中的,就是他们让教书匠塞进自己头脑中的。如果他们把这些观念从头脑中挤出去,那么"这些苦命人"就能够"生活得多么幸福",他们就能够做出什么样的"成绩"!而他们现在却不能不"听着教书匠和向导的笛声跳舞"!(第435页)我们的桑乔是这些"向导"中最渺小的一个,因为他只是自己牵着自己的鼻子走。比如说,无论在中国或法国,如果人们不是几乎随时随地都在头脑中想到他们面临着人口过剩的灾难,那么这些"苦命人"岂不就立刻会有非常丰富的各种各样的生活资料了吗?[493]

* * * * *

共产主义是法国的现象,社会主义是德国的现象;法国人的幸福在于,他们具有这样一种幸福的社会本能,他们用这种本能在任何一个时候都可以代替科学工作。这个结果是在两个民族的发展进程中预先确定了的。法国人通过政治走向共产主义（当然，现在我们已经知道，法国人民是怎样走向共产主义的）；德国人通过最后变成人类学的形而上学走向社会主义，即走向"真正的社会主义"。共产主义和社会主义归根到底都消融在人道主义中了。^{<539>}

* * * * *

人间生活的一切灾难就是由此产生的。现在，人抛弃了彼岸世界，于是我们的"真正的社会主义者"问道：

"人能不能重新把人间作为自己幸福的国土来欢迎？他知不知道人间就是他最初的故乡？为什么他继续把生活和幸福分开，为什么他还不消灭把人间生活分裂为两个敌对部分的最后一道障碍？"

"我的幸福感情的国土啊！"等。

作者然后邀请"人"去散步，"人"欣然同意。"人"奔向"自然的怀抱"，而且在那里本着"真正的社会主义"的精神作了倾心的表白：

"五色缤纷的花朵……高大的、骄傲的橡树林……它们的生长、开花，它们的生活——这就是它们的欢乐、它们的幸福……在牧场上，无数的小动物……林鸟……活泼的马群……我（"人"说道）觉得这些动物除了那种在它们看来是生活的表现和生活的享受的东西之外，它们不知道而且也不希望其他的幸福。当夜幕降临的时候，我看到无数的天体，这些天体按照永恒的规律在无限的空间旋转。我认为这种旋转就是生活、运动和幸福的统一。"^{<556>}

* * * * *

"所有这些实体在大自然所给予它们的生活能力的修炼和表现中同时也找到了自己的幸福、满足和享乐。"

这就是说："人"在自然物体的相互作用中，在这些物体的力量的表现中发现：这些自然物体在这里面找到了自己的幸福，等等。

现在"人"由于自己的二重性而受到我们的"真正的社会主义者"的申斥：

"难道人不是像其他一切实体一样，也是来自太古世界，也是自然界的创造物吗？难道他不是由同样的物质构成的吗，不是天生就有同样的能使万物具有生活的普遍力量和特性吗？为什么他还在某个人间的彼岸世界中寻找自己的人间的幸福呢？"

人和"万物"所共有的那些"同样的普遍力量和特性"乃是一种内聚性、不可入性、体积、重量等，总而言之，在任何一本物理学教科书的第一页上都详细地列举出这些特性。很遗憾，不明白怎么能够从这里找出理由来反对人"在某个人间的彼岸世界中寻找自己的幸福"。但是，我们的"真正的社会主义者"告诫人说：

"看看田野里的百合花吧。"<557>

* * * * *

整个开场白是幼稚的哲学神秘主义的典型。"真正的社会主义者"是从必须消灭生活和幸福之间的二重性这样一种思想出发的。为了证明这一论点，他求助于自然界，断言在自然界中不存在这种二重性，并由此得出结论说：既然人同样是自然界的物体，并具有一切物体所具有的共同特性，因此人也不应当有这种二重性。<558>

* * * * *

其次，把自觉的生命同不自觉的单个的生命相对立，把人类社会同自然界的普遍的生命相对立，然后把刚才引用过的说法通过下面的形式重复一遍：

"按照自己的本性，只有在同其他人们的交往中并通过这种交往，我才能够达到自己生活的发展，才能达到对这生活的自觉的享受，才能够获得自己的幸福。"

作者现在像过去谈一般"单个的生命"一样来谈单个人在社会中的这种发展，其论点如下：

"单个的生命和普遍的生命之间的对立，在社会中同样也成为有意识的人的发展的条件。在不断斗争中，在向作为限制性力量与我对立的社会的不断反抗中，我发展起来，并获得自决，获得自由，而没有自由就不可能有幸福。我的生命是不断解放的过程，是对有意识的和无意识的外部世界的不断斗争和胜利，我力求使外部世界服从自己，利用它来享受自己的生活。因而，自卫本能以及对个人幸福、自由、快乐的追求乃是生命的自然的、合理的表现。"

接着又说："因此，我要求社会使我能够在它那里夺回我的快乐和幸福，要它对我的斗争欲望开辟活动场所。像单个植物要求土壤、热度、阳光、空气和雨水来生长枝叶、花朵和果实一样，人也想在社会中找寻全面发展和满足自己的一切要求、倾向和天资的条件。社会应当赋予人以争取自己幸福的机会。至于他怎样去利用这种机会，他怎样安排自己和自己的生活，这要由他自己、由他的个性来决定。我的幸福是什么呢，这个问题除了我自己，任何人都不能够解决。" <561>

* * * * *

于是，普遍性按次序表现为：自然界、无意识的总合生命、有意识的总合生命、普遍生命、世界的机体、包罗万象的统一、人类社会、共同性、宇宙的有机统一体、普遍幸福、总合福利等，而与此相适应，个别性有以下这些名称：无意识的和有意识的单个生命、个人幸福、自身福利等。在提到每一个名称时，我们不得不又来听取那些不断重复过的关于个别性和普遍性的空洞词句。<565>

* * * * *

作者在末尾这样写道："有机社会的基础是普遍的平等，它通过个人和普遍之间的对立发展为自由的和谐，发展为单个幸福和普遍幸福的统一，发展为社会的和公共的和谐，发展为普遍和谐的镜象。" <569>

* * * * *

但是（这个"但是"是表示这里没有任何联系），当生活在自己的一切表现中，当生活在所有修炼和表现自己的力量和能力的时候都应当得到享乐和满足，所以由此可以得出一个结论：劳动本身应当是人类天资的表现和完善，劳动应当提供享乐、满足和幸福。因此，劳动本身必然要成为生活的自由表现，从而成为一种享乐。（同上）

这里实现了"莱茵年鉴"序言中所许下的诺言，即指出："德国社会科学在其已达到的发展阶段上和英法的社会科学怎样的不同"，什么叫作"科学地阐明共产主义的学说"。<570>

* * * * *

"但是（这个新的"但是"也和前面那个"但是"的意义相同），劳动产品应当同时既促进劳动者、个人的幸福，又促进普遍幸福。这一点是通过相互作用，通过一切社会活动的相互补充来实现的。"

这一段话不过是颂扬竞争和分工的经济书中所谈的东西的模糊不清的翻版而已，只是因为嵌入了"幸福"一词而变得不那么坚定了。[572]

* * * * *

"幸福是加号，然而是爱克斯次方的加号。"

因此，幸福 = + ×；只有在格律恩先生的美学的数学中，才会遇到这样的公式。[575]

* * * * *

这里所说的还有这样一种思想：只要把费尔巴哈和实践联系起来，把他的学说运用到社会生活中去，就可以对现存社会进行全面批判了。如果再加上赫斯对法国共产主义和社会主义的进一步的批判，例如赫斯的下列言论："傅立叶、蒲鲁东等人没有越出雇用劳动范畴的界限"（《德国公民手册》第40页及其他各页），"傅立叶想通过利己主义的新联合来为世界谋幸福"（《新轶文集》第196页），"甚至激进的法国共产主义者也没有克服劳动和享乐的对立性，没有提高到生产和消费的统一等"（《德国公民手册》第43页），"无政府状态是对政治统治这个概念的否定"（《二十一印张》第77页）等——如果加上这一切，我们就会看到格律恩先生对法国人的批判的全貌，而格律恩先生早在去巴黎之前就已经把这种批判准备好了。[580]

* * * * *

这位创造奇迹的牧师首先告诉他的绵羊说："我看到上帝特选的人在我面前集会，他们还在我以前就在口头上和事实上渴望为我们的时代谋幸福，而现在他们来到这里为的是听我诉说关于人类的欢乐和悲哀。""已经有不少人以人类的名义说话和写作，但是还没有一个人说明人类的病症究竟在什么地方，人类希望什么，等待什么，以及怎样才能实现自己的愿望。而我所要说明的正是这一点。"他的绵羊相信了他。[632]

* * * * *

在第39页上我们读到："我的朋友，你们明白吗，真正的人们的社会总是把生活……看作是……自我教育的学校。同时它希望成为幸福的社会。但是某种类似的东西必然要表现出来而且成为看得见的，否则它是不可能的。"

霍尔施坦的格奥尔格·库尔曼先生断言"某种类似的东西"（是生活还是幸福？）要"表现出来"并且"成为看得见的"，因为否则"它"是"不可能的"，他这样说究竟是什么意思呢？他宣称"劳动"包含在"价值"中并且以此（以什么？）心里想要什么就可以得到什么，他这样说又是什么意思呢？最后，他说"价值"按照"需要"来规定自己，这指的是什么呢？如果不记得全部启示的主要实质，不记得它的实践的实质，这一切毕竟是无法理解的。所以我们现在就竭力提供实际的解释。^{<637>}

* * * * *

我们的先知不能同意这一点，因为先知的欲望是力图成为有特权的、出人头地的、特等的人。"但是，某种类似的东西必然要表现出来而且成为看得见的，否则它是不可能的。"如果没有实际的特权，没有感觉得到的欲望，先知就不成其为先知，他就不是实际上的而仅仅是理论上的神人，他就会是哲学家。所以先知应当使共产主义者懂得，活动上，劳动上的差别会引起价值和幸福（或者消费、工资、欢乐，这些都是一个东西）的差别，因为每个人自己决定自己的幸福和自己的劳动，所以由这里得出的结论是，他，即先知，理应比普通的手工业者生活得好。——启示的实际意义正在于此。^{<638>}

现在我们这位先知的说教中的一切晦涩的地方都清楚了：每一个人的"占有"和"消费"符合于自己的"劳动"；人的"劳动"是他的"需要"的尺度，因此每个人由于自己的劳动而得到"价值"；"价值"按照"需要"来规定自己；每个人的劳动"包含"在价值中，因而每个人"心里"想要什么就可以得到什么；最后，特等人的"幸福"应当"表现出来而且成为看得见的"，因为否则它就是"不可能的"。^{<638>}

* * * * *

对，我们的这只斯多葛派的白羊大声喊道："跟席尔格斯先生的看法恰恰相反，有了财产并不足以使人幸福，我们的绝大部分富人……决不认为自己幸福，这是千真万确的（你说得对，诚实的白羊，健康就是一种无论多少黄金都换不来的幸福）。财主即使不受饥寒之苦，也还有其他的不幸（例如花柳病、霪雨天气，而在德国还要加上良心的谴责），这些不幸的压力他是逃避不了的（的确，没有使人不死之药）。如果观察一下大多数家庭的内部……就会发现其中一切都是腐朽不堪的……丈夫埋头从事股票买卖和经商（beatus ille qui procul negotiis（"不经商的人才是幸福的"）——奇怪的是穷人们还有时间去生儿养女）……下贱到做金钱的奴隶（可怜虫），妻子被教育成肚里没有货的（怀孕的时候除外）、空虚的沙龙太太或只是对洗衣做饭和带孩子感到兴趣（白羊是否仍然在说"富人"？），至多也只是对拨弄是非感兴趣的贤妻良母（显然，我们毕竟完全是在德国的土地上，在这里，"贤妻良母"有绝好的机会献身于"她感兴趣"的事情；有充足的理由成为极"不幸的人"）；同时，双方往往处于经常不断的交战的状态之中……甚至父母与子女之间的关系也因种种社会关系常常陷于破裂"，云云。

我们的作者忘记了一种最大的痛苦。每个"富有的"德国家长都会告诉他说：夫妻间的争吵过些时候会成为一种需要，坏孩子可以送到巴达维亚去，把他们忘掉，但是，狡黠不听话的仆人目前却是一种不能容忍的"祸害"，甚至在凡夫俗女的伤风败俗行为日益普遍的情况下，几乎是一种不可避免的"祸害"。[645]

* * * * *

魔鬼现在表明原来是一个极其普通的资产者，他并不赞同这几行诗里配称为"真正的社会主义"的卖淫制度的理论，却简单地反驳说：每个人都是他自己幸福的铸造者，"每个人对自己的罪恶都有责任"，还提出了一些其他的资产阶级的论调。魔鬼指出，"社会是一个空洞的字眼"（他大概读过施蒂纳的著作），并要求卡尔·穆尔继续说下去。后者叙述了他怎样看见了无产者的住宅，听见了孩子们的哭泣。[672]

为了更明确地向我们说明他真正的见解，他在第159页上给我们描写了一个乡村铁匠的家庭幸福，并希望铁匠的孩子们：

> 永远不会遇到瘟疫,
> 　那瘟疫,
> 就是坏蛋或傻瓜们,
> 以狂妄自大的口吻,
> 　所说的文明。<676>

《马克思恩格斯全集》（第四卷）

"充满爱的心灵必然发展成共性的圣灵"。

插曲式的AveMAria（福哉，马利亚）："女人们，你们有福了，你们三倍地有福了，因为你们命定要给早已预言过的幸福王国以第一次圣化。"<5>

* * * * *

新共产主义政策的表白："我们不想剥夺任何人的私有财产；让高利贷者保留已经拥有的财产吧；我们只想防止继续盗窃国民财产的行为，防止资本以后剥夺劳动的合法财产。"达到这个目的的办法应该是"每一个穷人，一旦保证他有从事生产劳动的可能，他立刻就变成人类社会有用的成员。"根据这种说法，对"人类社会"贡献最大的就是资产者，包括克利盖十分憎恨的纽约资产者在内。"假如社会给他一块土地，使他能养活自己和家庭，那他就会永远有这种劳动的机会…… 如果这巨大的土地（北美14亿英亩国有土地）不用来买卖而以一定数量交给劳动人民，那么美国的贫困现象就会一举而消灭，因为那时每一个人都有可能亲手来给自己建设不可侵犯的家园了"。为了迎接上述幸福时刻的到来，克利盖已在准备做如下一种乡下牧师式的宣教："那时我们就能教导人们和睦相处，彼此减轻一切生活上的负担和困难，并且在大地上建设起第一批充满天国的爱的村镇"（每村都恰好占地160英亩，1英亩 = 4 046.856m^2）。<6>

* * * * *

我们现在还要举出一个例子，说明他如何用使全人类获得幸福这种华丽的词句来装饰土地运动中提出的美国地产析分计划。在《人民论坛报》第10号上所载的"我们要求的是什么"一文中说道：

"他们（即美国民族改良派）称土地为全人类的公共财产……并要求国民立法机关设法把尚未落入强盗般的投机分子手中的14亿英亩土地保留起来，作为全人类不可让渡的公共财产。"[9]

* * * * *

"难道我们就不能严肃地对待长期受抑制的宗教心的激动，不能为彻底实现穷人、不幸者、被压迫者的兄弟友爱的乐园而斗争吗？"于是克利盖就开始为严肃地对待心的激动而斗争，但这个心不是寻常的、卑鄙的，而是宗教的；这个心不是因现实的贫困而变得残酷的，而是充满幸福的幻想的心。他像牧师一样在这里替别人说话，就是说替"穷人"说话，来证明他的"宗教心"。因此他一开始斗争时，就向人表明，他本人并不需要共产主义，他之所以参加斗争只是由于他对"穷人、不幸者、被压迫者"的宽宏大量的、自我牺牲的、含混不清的忘我精神，因为这些人需要他去帮助。在孤寂和忧郁的时刻，这种崇高的情感就充满这位善良人的心，成为他消除万恶世界一切不幸的灵丹。[9]

* * * * *

这样甲某到底比乙某多得了什么呢？是劳动时间吗？不是的。他只不过多得了空闲的时间，他只得在六小时中间无所事事。为了使这种无所事事的新权利不仅在新社会中得到承认，而且受到重视，这个新社会就必须把懒惰当作最大的幸福，将劳动看成必须全力摆脱的沉重负担。再回到上述的例子来看，甲某比乙某多得的空闲时间，对甲某来说该是一种真正的收获吧！并不是这样。最初只工作六小时的乙某经过经常的和有规律的劳动以后，便达到甲某在开始时用过度的劳动所得的结果。每个人都想做乙某，于是就会发生为争夺乙某的地位而展开竞争，即展开偷懒的竞争。[115]

*　*　*　*　*

现在我们来谈谈"构成价值"和其他比例性（它们唯一的缺点是缺少比例）的第二种应用，并且来看看蒲鲁东先生在这里的做法是不是比企图把绵羊说成货币更幸福些。<128>

*　*　*　*　*

"最初，普罗米修斯从自然的怀抱中走出来，感到生活在一种愉快的悠闲中……于是，普罗米修斯就开始劳动，从第一天（第二次创世的第一天）起，他的产品，即他的财富，他的幸福等于十。第二天普罗米修斯实行分工，他的产品增加到一百。从第三天起，普罗米修斯每天发明机器，发现物体的新的效用，新的自然力……他的劳动活动步步进展，他的生产数字也就随着上升，这表明他的幸福也在增进。最后，因为对他来说消费就是生产，因此每天的消费只是消耗前一天的产品，它还为第二天留下剩余产品。"<134>

*　*　*　*　*

如果在理论上，像蒲鲁东先生那样，只是对劳动的剩余的公式加以平均主义的解释而不必注意现代的生产条件，那么在实践中，只要把现有的一切财富平均分配给工人们也就够了，不必改变现代的生产条件。这样的分配当然不会保证每个参加者都获得极大的幸福。<136>

*　*　*　*　*

如果说，与黑格尔比较，他的长处是提出任务并且保留为人类最大幸福而解决这些任务的权利，那么，他也有一个短处，即当他想用辩证法引出一个新范畴时，却毫无所获。两个矛盾方面的共存、斗争以及融合成一个新范畴，就是辩证运动的实质。谁要给自己提出消除坏的方面的任务，就是立即使辩证运动终结。我们看到的已经不是由于矛盾本性而自我安置和自相对置的范畴，而是在范畴的两个方面中间激动、挣扎和冲撞的蒲鲁东先生。<146>

*　*　*　*　*

他认为，好的东西，最高的幸福，真正的实际目的就是平等。为什么社会天才只要平等，而不要不平等或友爱、不要天主教或别的什么原理呢？因为"人类之所以实现这么多特殊的假设，正是由于考虑一个最高的假设"，这个最高的假设就是平等。换句话说，因为平等是蒲鲁东先生的理想。[152]

* * * * *

倍克甚至以为路特希尔德获得了维也纳的公民权利证书，也就获得了自由人的幸福。[229]

* * * * *

这样说来，路特希尔德应该成为犹太人的救星了。但是，他应该怎样来做到这一点呢？犹太人把他奉为大王，因为他的钱最多。他应该教导他们鄙视金钱，"为了世界的幸福而抛弃它"。[229]

* * * * *

卑鄙以巨大的波浪，
涌进内心的纯洁，
淹死每一个幸福安宁。

在这个内心纯洁的洪流中，在这个幸福安宁的被淹死中，包含着庸俗和夸大的令人沮丧的混合物。接着就是责骂金钱可耻和不道德的庸俗冗长的臭诗。[235]

* * * * *

大家知道，这里有些律师、官吏、医生、食利者、商人等之类的人，他们在保卫自由贸易协会（与巴黎的组织类似）的招牌下相互讲授政治经济学的起码知识。上个星期的最后三天，这些先生们走起运来了。他们召集了各国最伟大的经济学家，举行了一个伟大的会议。他们感到真是无法形容的高兴，现在已经不是听什么茹尔·巴泰尔斯先生、勒·阿尔迪·德·博利约、法德尔即费德尔或者其他不知名之士讲经济方面的道理了，现在是听科学大师们亲自讲解了。他们真幸福，真高兴，真走运，真是飘飘然了。[276]

* * * * *

可是科学大师本身却很不走运。他们本以为斗争将很轻松，但实际上斗争对他们来说却很严酷；他们本以为，他们一来，一交锋，就会取得胜利，但实际上，他们只是在投票时取得了胜利，在争论的时候，第二天就被彻底打垮，第三天只是由于进行了幕后活动才避免了新的更彻底的失败。假如他们那些为幸福所陶醉的听众没有发觉这一切，那他们自己是应该深切地感到这一点的。<276>

* * * * *

最自私的英国资产阶级的代表包林先生宣布，现在应该抛弃自私自利了，应该开始把自己的幸福与自己亲友的幸福联系起来了。显然他曾援引了旧的经济"道理"——可以同百万富翁进行更多的交易，从他身上赚到的钱要比同一个有几千塔勒的人进行交易赚到的更多。最后他带着激动的表情把上天的使者——走私者——颂扬了一番。<279>

* * * * *

他对工人阶级所受的苦难没有表示丝毫的同情，相反，他把他们现在的悲惨状况描绘成所能希望的最快乐、最幸福、最安定的生活。<290>

* * * * *

欧洲民主终于要摆脱这个淳朴而反动的旧瑞士赘瘤了，这真是个大幸。民主主义者只要继续标榜这些阿尔卑斯山牧民的美德、幸福和宗法式的朴实，他们就始终带着反动的阴影。<385>

* * * * *

不仅如此。这些强壮而顽固的阿尔卑斯山牧民还很快遭到了完全是另一种方式的惩罚。他们摆脱了奥地利贵族的统治，却又落入了苏黎世、琉森、伯尔尼和巴塞尔小市民的牢笼。这些小市民发现，瑞士土著居民就像他们的公牛那样强壮，那样愚蠢。他们加入了瑞士联邦，从此他们就安闲地坐在柜台后面，而顽固的牧民却拿起武器替他们解决同贵族和公爵的一切冲突。森帕赫、格兰桑、穆尔顿和南锡的情形就是如此。同时他们还给这些人保留了按照自己的意思来处理自己内部事务的权利，于是这些人就幸福得飘飘然了，根本不知道自己怎样受着亲爱的盟兄们的剥削。<387>

* * * * *

因此，他们非常沉着地等待时机，但同时又认真地从事于一些社会经济问题的研究，这些问题的解决会使他们知道只有采取哪些措施才能为一切人的幸福生活打下巩固的基础。<402>

* * * * *

昨天的"君主同盟报"就发表了反对拉马丁先生的感觉的意见："我们看到这些人类的启蒙者是怎样使人类失去领导者的。可怜的人们！他们夺去了穷人借以安慰自己的上帝；他们夺去了穷人的天，他们只留下一个贫穷和困苦的人。接着他们又过来说：你想占有土地；土地不是你的。你想过幸福生活；幸福生活是别人的。你想得到一份财产；这是不可能的；管你贫困，管你赤身露体，管你颠沛流离，死了活该！"

"君主同盟报"用上帝来安慰无产者。"公益报"，即拉马丁先生的报纸却用"生活原则"来安慰他们。<419>

* * * * *

对他来说，千百万爱尔兰人的幸福是真正切身的事情，对他来说，Repeal（取消合并，换句话说，要求爱尔兰议会独立）绝对不是一句空话，也不是为自己和朋友们取得有利地位并谋取私利的幌子。<441>

* * * * *

不到一天的时间，组成市民自卫军的全体小店主便异口同声地叫嚷着反对那些想把他们幸福的比利时祖国拖到革命中去的德国造反者。<550>

* * * * *

我们应该告诉你们，这个重大的事件促使民主协会在这里采取和平的、但是有力的宣传，以便利用比利时政治制度下所可能有的各种条件来取得法国人民刚刚争到的幸福。<582>

《马克思恩格斯全集》（第五卷）

　　民主派遭到了失败。它在自己胜利的时候所宣布的原则成了问题；它真正夺得的基地又逐渐被夺回去了；它已经丧失了很多东西，很快就会出现一个问题：它究竟还剩下些什么。我们认为最重要的是让民主派认识到自己的地位。有人会问，为什么我们对党派感到兴趣，为什么我们不去考虑民主运动的目的、人民的福利和所有的人的幸福呢？

　　这是斗争的法则和惯例。在观点、利益和目的不一致的情况下，新时代的幸福是不能用假想的合理妥协和虚伪的合作等办法来达到的，这种幸福只有经过各个党派的斗争才能达到。<25>

　　＊　＊　＊　＊　＊

　　要证明柏林议会中体现了哪些美德，还能有比施奈德尔议员的这些高尚而谦虚的话更好的东西吗？的确，如果过去还可以怀疑德国人是否适宜于共和政体，那么现在，在我们的辛辛纳图斯施奈德尔的真正的公民美德和异常质朴而高尚的忘我精神的榜样面前，这种怀疑就应该烟消云散了！但愿辛辛纳图斯充满勇气和信心，相信自己，相信无数高尚的德国公民；这些公民也认为共和制是最高尚的国体，但是认为自己是拙劣的共和主义者；对共和制来说他们已经成熟了，他们会像对待君主专制那样，以英雄的驯服态度来对待共和制。正直人的共和制将是一切曾经存在过的共和制中最幸福的：这是一个没有布鲁土斯和卡提利纳、没有马拉和六月风暴的共和制，这是"饱食的美德和有购买力的道德"的共和制。<261>

　　＊　＊　＊　＊　＊

在所有人口超过5 000人的城市中，服装增加了实际上决定掌握武器权利的财产资格限制，同时也增加了市民自卫团中处于无产者地位的人的数目。正如服装和武器仅仅是租借给这个无产阶级，即仅仅是租借给绝大多数居民的一样，武装的权利，即无产阶级作为自卫团而存在的权利，一般也只是租借给他们的，有产者到底是幸福的！穿着租借的衣服尤其是穿着这种像士兵的衣服一样轮流着穿的租借的衣服的人，精神上会感到一种压抑，而这种精神上的压抑当然也就是负有"保卫宪法规定的自由"的使命的罗马人所要求的首要东西。但是，与此相反，市民自卫团中有支付能力的成员骄傲的优越感难道不会滋长起来吗？除此以外还需要什么东西呢？[280]

* * * * *

接着就是一系列的关于勃兰登堡–普鲁士历史和人民主权的"异常卓越的思想和极其精辟的见解"，这些思想和见解使毗邻的评论家由于过分地感到立宪的幸福和学究式的狂喜而忘记了世上所有的苦难。[304]

* * * * *

科伦，7月29日。如果莱茵省的某一个居民忘记了他应该把什么事情归功于"外国的统治"和"科西嘉岛暴君的压迫"，那就请他读一读汉泽曼先生在幸福的1848年提交他的妥协派"讨论"的关于无偿地废除各种义务和苛税的法案吧。领主权（Lehnsherrlichkeit）、封地转为自由地的赎金（Allodifikationszins）、死亡税（Sterbefall）、好家畜使用权（Besthaupt）、治疗税（Kurmede）、保金（Schutzgeld）、权利宣告税（Jurisdiktionszis）、诉讼罚金（Dreidinggelder）、饲养税（Zuchtgelder）、盖印金（Siegelder）、屠宰什一税（Blutzehnt）、养蜂什一税（Bienenzehnt）等。这些荒谬绝伦的名称，在我们听到过法国革命破坏了封建制度、听到过拿破仑法典（CodeNapoléon）的两只文明的耳朵听来，是多么陌生，多么野蛮！这一大堆中世纪的义务和苛税，这一大堆太古时代的腐烂得发霉的废物，对我们来说，是多么不可理解！[325]

* * * * *

总之，吉尔克先生完全承认：一般说来，封建义务只能通过赎买来废除。因此，保存了那些最繁重、最普遍和最主要的义务，或者，因为这些义务实际上已被农民废除了，所以又把它们恢复起来。

但是，吉尔克先生认为，"如果某些个别的关系，由于它的内在的理由不充分，或者由于它的继续存在同时代精神的要求和全国人民的幸福不相容，而被无偿地废除了，那么，遭到这一方面损失的人们不能不承认——他们蒙受某些牺牲，不仅是为了全国人民的幸福，而且也是为了他们自己的合理的利益，使享有特权的人和应尽义务的人建立和平友好的关系，从而使领地一般能在国家中占有适当的地位来保证整体的幸福。"[327]

* * * * *

这样，就可以消除农民的抗议，而贵族如果正确地了解自己的地位，也不会提出抗议。剩下的还有议院，还有法律上的怀疑和激进派的吹毛求疵。应该废除的义务和不应废除的义务之间的区别，不外是几乎毫无价值的义务和具有重大价值的义务之间的区别；为了使议院满意，必须使这种区别具有虚构的法律上和经济上的理由。吉尔克先生必须证明，应该废除的义务：① 没有充分的内在的理由；② 同全国人民的幸福矛盾；③ 同时代精神的要求矛盾；④ 把它们废除实际上并不是破坏所有权，并不是无偿的剥夺。[327]

* * * * *

可是，当吉尔克先生用社会的幸福和时代精神的要求来论证时，他和他的关于义务的划分就更糟糕了。因为不言而喻，如果这些微不足道的义务妨碍社会的幸福，并且违背时代精神的要求，那么，像徭役、工役、租金等义务，就更是如此了。吉尔克先生莫非认为拔掉农民的鹅毛（第1节，第14条）的权利是不合时宜的，而拔掉农民身上的毛的权利倒是合乎时代精神的吗？[328]

* * * * *

我们现在来听一听果登先生的话："我们不得不再度捍卫那个具有如此重大的意义、对我们祖国孕育着如此重大的后果的事业，即使这个事业本身在我们看来不完全是正义的，但是由于必要，我们也应该使它成为正义的。我们的权利与其说是根源于过去，不如说是根源于现代跳动很快的脉搏（更确切些说，是枪托的殴打）[412]。"

"波兰的农民和市民，由于归并到别国（普鲁士）[533]，感到自己是处在前所未有的安全和幸福的状态（特别是从波普战争和瓜分波兰的时候起）。"[396]

* * * * *

在亚尼舍夫斯基之后发言的是从波兹南来的凯尔斯特校长先生。在为本民族的生存、为本民族的社会和政治自由而斗争的波兰人之后，是为自己的薪金而斗争的、迁居波兹南的普鲁士教师。在被压迫者的激昂慷慨的高贵的演说之后，是靠压迫来过幸福生活的官僚的卑鄙无耻的发言。[412]

* * * * *

《改革报》抱怨说：可是，真正的丈夫、大丈夫至今还不想出现，而时势却在每况愈下。

"一方面，工商业的危机在加深；另一方面，仇恨在增长。所有的人都力求达到相反的目的。那些在2月24日以前受压迫的人们，在关于崭新的社会的观念中寻找自己的幸福和自由的理想。那些在君主制度下居统治地位的人们，只关心怎样恢复自己的权力和加倍残酷地来利用它。"[533]

《马克思恩格斯全集》（第六卷）

　　我们就来看看，巴枯宁怎样在他的呼吁书中一开头就陷入了去年3月和4月的幻想：

　　"革命生活的第一个特征就是高呼憎恨旧的压迫，高呼同情和热爱一切被压迫民族。各族人民……终于体验到了旧的外交所带给人类的耻辱，并且已经认识到，只要欧洲还有一个民族受着压迫，各民族的幸福安宁就无法得到保障……打倒压迫者！—— 响起了一致的呼声。光荣归于被压迫的人们，归于波兰人、意大利人和其他各族人民！不应当再进行侵略战争，但必须把最后一次战争，即争取各族人民彻底解放的光荣的革命斗争进行到底！废除各种暴君会议基于所谓历史的、地理的、贸易的和战略的考虑强行划定的各种人为的界限！除了各族人民本身的主权意志根据其民族特点所确定的界限，即根据正义和民主的精神划定的自然界限以外，不应该有任何其他的界限。这就是各族人民一致的呼声。"[323]

　　* * * * *

　　"第一议院和第二议院的诸位议员先生！现在，祖国信赖地希望，由于它的代表和我的政府的通力合作，能使重新建立起来的法定秩序得到巩固，以便有可能享受宪政的自由和这种自由的平静发展。保卫这些自由和法定秩序——这两个社会福祉的基本条件，将永远是我关注的对象。我指望在这件事情上能得到你们的帮助。依靠上帝的保佑，你们的活动一定会使普鲁士的尊严和荣誉得到提高，普鲁士的人民同自己的君主们紧密地团结一致，已经不止一次地顺利度过了艰难的时刻；同时，你们的活动也会为祖国创造出一个在狭义上和广义上都是和平幸福的未来！"公民曼托伊费尔的御前演说就是这样。而居然有一些毫无风趣的人竟把这种巧妙表演的喜剧称为"宪政的御前演说"！真的，如果说有什么事情能促使曼托伊费尔先生丢掉他的公事皮包的话，那就只有这种对他的最善良的意愿的曲解了！<381>

* * * * *

赫山诺夫斯基被击溃在诺瓦拉城下，并被切断了到都灵的去路；拉德茨基进驻到距都灵九德里的地方。在皮蒙特这样一个君主制（虽然也是立宪制）的国家中，战争的结局就这样决定了；于是向拉德茨基求和。但是如果是在一个共和国中，这是决定不了什么的。如果不是君主国天性怯懦，从没有勇气采取极端革命的手段，如果不是这种不可避免怯懦，赫山诺夫斯基的失败可能成为意大利的幸福。况且在目前，当欧洲的战争、人民的战争正在叩门的时候，谈什么"叛国"及其他像是蛊惑家的攻击的那种责难，根本是可笑的。过几个星期，也许只要过几天，共和的西方和被奴役的东方的军队就要在德国的土地上进行决战。人家甚至不要征求德国对这点的同意——请看君主们和资产阶级已使德国落到什么地步！德国不积极参加战争，战争将不顾它的意志，不容它进行任何反抗而降临到它的身上。多亏三月的执政者、三月的议院，同样多亏三月的国民议会，德国才在即将来临的欧洲战争中处于这种光荣地位。当问题关系到整个欧洲的自由或奴役，幸福或灾难的时候，就根本谈不到德国的利益、德国的自由、德国的统一、德国的福利。所有一切本民族的问题都在这里告终，这里只有一个问题！你是想做自由人，还是愿意忍受俄国的蹂躏？而反革命报纸还在议论什么"叛国"，仿佛很快就将被变成两军争战的消极舞台的德国，还可能用某种方式出卖似的！毋庸争辩，去年的情况不同。在去年，德国人能够进行反对俄国压迫的斗争，他们能够解放波兰人，从而把战争转移到俄国的领土上去，靠牺牲俄国的利益来作战。但是现在，多亏我们的君主，战争将在我们的土地上并且靠牺牲我们的利益来进行，现在的情况是这样：欧洲的解放战争对德国来说同时又将是国内战争，德国人将在这次战争中自相残杀。<626>

* * * * *

　　"生产资本的增加不一定会引起用于工人生活费（approvisionnement）的份额的增加。原料和机器的数量可能不断增加，而用于工人生活费的份额则可能日益减少。劳动的价格取决于：生产资本的绝对数量；资本的各种成分之间的对比关系。这是工人的意志不能给予任何影响的两件社会事实。与其说是工人的绝对消费量，不如说是工人的相对消费量决定他的生活幸福或是不幸。在必要的消费的范围以外，我们享受的价值实质上是相对的。"<640>

《马克思恩格斯全集》（第七卷）

这次为保护教皇和反对罗马共和国而协同奥地利和那不勒斯一起进行的干涉，是于12月23日在波拿巴内阁第一次会议上决定的。法卢坐在内阁里，这就是意味着教皇坐在罗马，并且是坐在教皇的罗马里。波拿巴不再需要教皇来帮助他成为农民的总统，但他需要保持教皇权力来为自己保持农民的拥护。农民的轻信使他当了总统。他们一失去信仰，就会失去轻信态度，而他们一失去教皇，就会失去信仰。至于那些借波拿巴的名字来实现统治的联合起来的奥尔良党人和正统主义者，那么须知在恢复国王之前，必须先恢复那使国王神圣化的权力。问题不仅在于他们的保皇主义思想——若没有受教皇世俗权力支配的旧罗马，就没有教皇；若没有教皇，就没有天主教；若没有天主教，就没有法国宗教；而若没有宗教，那么旧的法国社会又会成为什么样子呢？农民所享有的对于天国幸福的抵押权，保证着资产者对于农民土地的抵押权。因此，罗马革命，也如六月革命一样，是对于所有权，对于资产阶级制度的可怕的侵犯。在法国恢复了的资产阶级统治，要求在罗马恢复教皇权力。最后，打击罗马革命者，就是打击法国革命者的同盟军；已建成的法兰西共和国内各反革命阶级的联盟，是自然要以法兰西共和国与神圣同盟结成的联盟，即与那不勒斯和奥地利结成的联盟来做补充的。内阁会议12月23日的决定，对制宪议会来说并不是什么秘密。1月8日赖德律·洛兰已就此事向内阁提出了质问，内阁当即表示否认，于是国民议会就转而进行下面的事项了。国民议会是否相信了内阁的话呢？我们知道，在整个1月里，它总是忙于对内阁投不信任票的。但是，如果说扯谎已是内阁分内的事情，那么假装相信这种拯救共和国体面的谎言，就已是国民议会分内的事情了。<64>

* * * * *

在退出舞台之前，这个可怜的议会在自己诞生一周年即5月4日前两日，还称心满意地否决了大赦六月起义者的提议哩。制宪议会既已丧失了自己的全部权力，既已为人民所切齿痛恨，既已为那曾利用它做工具的资产阶级所粗暴地推开和轻蔑地抛弃掉，既已被迫在自己的后半生表示否认自己的前半生，既已失去了自己共和主义的幻想，过去没有做出大事而将来又没有什么希望，只是在活活地一点点地腐烂下去，所以它就只知勉强复活自己的尸体，经常召唤着六月胜利的魂灵，重温着六月的胜利，再三判处着已被判处的人们，这样来使自己能确信自己还存在于人世。真是专靠六月起义者的血为生的吸血鬼啊！

它遗下了以前的国家财政赤字，并且这种赤字更因六月事变的费用、盐税的取消、为废除黑人奴役制度而给予种植场主的偿金、远征罗马的费用以及酒税的取消而增大了；酒税这一项是制宪议会临终时才取消了的，它活像一个幸灾乐祸的老人，乐于给自己幸福的继承者硬加上一个令人身败名裂的债务。[67]

* * * * *

"纽伦堡有一个人，一般说来非常开明，对新事物决不置若罔闻，而对民主派的阴谋却恨之入骨。他曾经崇拜隆格，把隆格的照片挂在自己的室内。但是当他听到隆格拥护民主派以后，便把隆格的照片挂到厕所里去了。有一次他这样说：假如我们生活在俄国人的鞭子下，我将感到多么幸福！他在动乱时期死去，我以为，他虽然年迈苍苍，但是，他所以在当时葬入坟墓，完全是由于对所发生的事情感到忧伤所致。"

假如这位令人可怜的纽伦堡的庸人不是死去，而是从"德国记者"，从席勒和歌德的著作，从旧教科书和租书店的新书中摘录些片断和格言，编成文集，他也许不会死亡，而道梅尔先生也就不必辛辛苦苦地去编辑两大卷的《综合格言的创立》这本书了。自然，那样我们就不会有了解新时代的宗教同时认识第一个殉道者的良机了。[236]

* * * * *

但是，道梅尔先生的自然崇拜是非常特殊的。他落得甚至比基督教还反动。他企图用现代化的形式来恢复基督教以前的古代的自然宗教，不言而喻，在他那里，所有这一切都是关于自然的基督教德意志的宗法式的空谈，下面的诗就是个例子：

亲爱的大自然母亲啊，

让我踏着你的足迹前进，用你的手来引导我，像牵在你手上的孩子。

"这样的诗已经过时了，然而这是不利于文化、进步和人类幸福的。"<241>

* * * * *

至于主张自由贸易的厂主厚颜无耻地论断说，现代社会的存在取决于他们今后是否还能靠工人的血汗来积累财富，那么，我们只要略加评论就够了。在历史上各个时期中，绝大多数的人民都不过是以各种不同的形式充当了一小撮特权者发财致富的工具。但是所有过去的时代，实行这种吸血的制度，都是以各种各样的道德、宗教和政治的谬论来加以粉饰的：牧师、哲学家、律师和国务活动家总是向人民说，为了个人幸福他们必定要忍饥挨饿，因为这是上帝的意旨。而现在却完全相反，自由贸易论者蛮横地说："你们工人是奴隶，并将永远做奴隶，因为只有你们当奴隶，我们才能增加自己的财富和幸福，因为你们不做奴隶，我们这个国家的统治阶级就不能继续统治。"于是，压迫的秘密现在终于大白于天下；现在幸亏有自由贸易论者，人民才终于能够清楚地了解自己的地位；现在问题终于直截了当地提出来了：有我无你，有你无我！因此，我们认为公开的敌人比虚伪的朋友好，蛮横的自由贸易论者比伪善的贵族慈善家好，教友派信徒布莱特比艾释黎勋爵好。

10小时工作制法案经过在议会里，各次选举运动里，报刊上，工业区的每一个工厂和作坊中历时40年的残酷的长期斗争，已经通过了。一方面，有人描绘了极为悲惨的情景：谈到儿童发育受到阻碍，他们被折磨得难以生存，谈到离开了厨房和幼儿的妇女的情况，谈到整代的人在为不治之疾所折磨，谈到无数的人牺牲了生命，谈到在整个国家人们的幸福都已破灭——所有这一切都是为了那本来就已非常富有的一小撮人发财致富。这里没有丝毫的捏造，这一切都是事实，都是铁的事实。尽管如此，但是谁也没有决心要消灭这种丑恶的制度；而只是说在一定程度上限制这种制度的作用。另一方面，出现了一些冷酷无情的政治经济学家，即靠这个制度发财的人所雇用的奴仆，他们用一系列的像比例计算那样无可辩驳的正确推论来证明，在"国家毁灭"的恐怖下，现行制度必须保持不变。<270>

* * * * *

大家都知道，随着大工业的产生，就开始了厂主对工人阶级的前所未闻的、毫无限制的和肆无忌惮的剥削。新机器使成年男人的劳动成为多余的；看管机器所需要的是妇女和儿童，因为他们更适合这个工作，同时比男人的工资少。于是工业剥削立即殃及工人的整个家庭，把他们监禁在工厂里；妇女和儿童只要还没有累倒，就必须夜以继日地工作而不得休息。在日益需要儿童的情况下，习艺所里穷人的孩子就成了十足的交易对象。他们从四岁起，甚至从三岁起，就成批地以签订学徒契约的形式卖给出价最高的厂主。从前对儿童和妇女进行了无耻的和残酷的剥削，这种剥削对自己的牺牲者是从不放松的，一直到吸尽他们最后一滴血，耗尽他们肌肉和血管的最后一点力气，才肯罢休；英国老一代的工人对于这种剥削至今还记忆犹新；许多人都还记得那弯曲的脊背或残废的四肢，都还记得健康恶化得根本无法恢复的身体。最坏的美国种植场里的奴隶的命运比起当时英国工人的命运也还是幸福的。<277>

* * * * *

"民主将来通过普选权而建立起来的时候会不会完成这一从幻想到现实，从谎话到真实的有益的普遍过渡呢？会不会逐渐建立起幸福的世界来呢？"（第17页）<305>

《马克思恩格斯全集》（第八卷）

　　这并不只是一句空话、一种时髦或一种党派斗争手腕。资产阶级正确地了解到，它为反对封建制度而锻造出来的各种武器都倒过来朝向它自己了，它所创造的一切教育手段都转过来反对它自己的文明了，它创造的所有的神都离弃了它。它了解到，一切所谓的市民自由和进步机关，都侵犯它的阶级统治，并且既威胁它的社会基础，又威胁它的政治上层，因此这些东西就成了"社会主义的"了。在这种威胁和这种侵犯中，它正确地看出了社会主义的秘密，所以它对于社会主义的意义和趋势的评价，就比所谓的社会主义自己对自己的评价更正确些，而这种所谓的社会主义因此也就不能了解，为什么资产阶级对它一味表示反对——不管它是在为人类的痛苦感伤地哭泣，不管它是在宣扬基督的千年王国和博爱，也不管它是在用人道主义态度漫谈精神、教育和自由，或是在空泛地臆造一切阶级的协调和幸福的制度。资产阶级只是没有了解到一点：如果推论下去，那么它自己的议会制度，它的整个政治统治，现在也应该被普遍指责为社会主义的东西了。当资产阶级的统治还没有充分组织起来，还没有获得自己的纯粹的政治表现时，其他各个阶级和资产阶级的对立关系也不能以纯粹的形式表现出来，而在它有所表现的地方，它也不能采取那种使一切反对国家政权的斗争转化为反对资本的斗争的危险形式。既然资产阶级认为任何一种社会生活表现都危害"安宁"，那么它又怎能希望在社会上层保持不安宁的制度，即保持自己那个——照它的一位发言人的说法——生存在斗争中并且靠斗争生存的议会制度呢？靠辩论生存的议会制度怎能禁止辩论呢？既然这里每种利益、每种社会措施都变成一般的思想，并被当作一种思想来解释，那么在这种条件下怎么能把某种利益、某种措施当作一高出思维的东西而强使人们把它当作信条来接受呢？发言人在讲坛上的斗争，引起了报界的低级作家的斗争；议会中的辩论会必然要由沙龙和酒馆中的辩论会来补充；议员们经常诉诸民意，就使民意有理由在请愿书中表示自己的真正的意见。既然议会制度将一切事情交给大多数决定，那么议会以外的大多数又怎能不想也作决定呢？既然你们站在国家的顶峰上拉提琴，那么你们又怎能因为站在下面的人们跳舞而惊奇呢？[166]

* * * * *

波拿巴作为一种已经成为独立力量的行政权力，自命为负有保障"资产阶级秩序"的使命。但是这个资产阶级秩序的力量是中等阶级。所以他就自命为中等阶级的代表人物，并颁布了相应的法令。另外，他之所以能够有点作为，只是因为他摧毁了并且每天都在重新摧毁这个中等阶级的政治力量。所以他又自命为中等阶级的政治力量和著作力量的敌人。可是，既然他保护中等阶级的物质力量，因而也就不免要使这个阶级的政治力量重新出现。因此必须保护原因并在结果出现的地方把结果消灭掉。但是，原因和结果总不免有某些混淆，因为原因和结果在相互作用中不断丧失自己的特征。于是就有抹掉界限的新法令出现。同时波拿巴认为自己和资产阶级不同，他自命为农民和一般人民的代表，想使人民中的下层阶级在资产阶级社会的范围内得到幸福。于是就有一些预先抄袭"真正的社会主义者"的贤明政治的新法令出现。但是波拿巴首先觉得自己是12月10日会的头目，是流氓无产阶级的代表，因为他本人、他的亲信、他的政府和他的军队都属于这个阶级，而这个阶级首先关心的是自己能生活得舒服，是从国库中汲取加利福尼亚的彩票利益。于是他就以颁布法令、撤开法令和违反法令来证实他真不愧为十二月十日会的头目。[224]

* * * * *

在他当然地预先高度享受了"将遍布全球的未来的荣誉"以后，便露出了市侩伪君子的卑鄙的嘴脸。他估计，也许将来爱利莎的陷入贫困的孩子会来求助于伟大的诗人，而"他倒并不想过早地回避这件事"。为什么？因为爱利莎"宁要乘马"而不要哥特弗利德经常幻想的"未来的荣誉"，因为她为了"世俗的幸福"而摒弃了他希望在其中扮演亨利希·冯·奥夫特丁根的那出滑稽的喜剧。老黑格尔早就正确地指出，高尚的意识总是转变成卑鄙的意识。[274]

* * * * *

"小金虫协会"的真正宗旨是要解决蓝色花朵之谜。集会是在莫克尔家中举行的，在从事美文学的平庸的大学生圈子里，莫克尔当然要被捧为"女王"（第210页），金克尔则被捧为"大臣"（第255页）。这两个未被承认的美丽的灵魂可以在"小金虫协会"里自得其乐，以补偿"无情的人世给予他们的不公正的待遇"（第296页）。他们可以在他们所选择的亨利希·冯·奥夫特丁根和蓝色花朵的角色中互相满足对方的需要，而扮演他人成了自己的第二天性的哥特弗利德应该感到幸福了，因为他终于创立了真正的"业余剧团"（第254页）。这一出可笑的喜剧本身同时成了实际行动的序幕。[280]

* * * * *

哥特弗利德除了在波恩发表充满牧师的雄辩的讲演之外，有时也在科伦举办神学和美学方面的富于艺术的演出。当二月革命爆发时，他用以下的预言结束了这些演出："从巴黎传来的战斗的雷声对德国和整个欧洲大陆来说标志着一个美好的新时代的开始。在暴风雨之后，接着便幸福地吹起自由的和风；从此开始了一个伟大的幸福的时代——君主立宪的时代。"[285]

* * * * *

这样一来，哥特弗利德便顺利地把手工业者变成了喜剧演员，从而又把问题归结为自身。但是这种讨好波恩手工业者的行会要求的把戏产生了实际的效果。朋友哥特弗利德由于发誓要帮助恢复行会，因而被选为代表波恩出席钦定的第二议院的议员。"从这一瞬间起哥特弗利德感到自己"幸福了。[290]

* * * * *

当《祖国报》在收到了维迪尔的信之后又收到巴特尔米先生的声明时，它的得意是可想而知的。它发表这一声明时加上了下面的"前言"："我们常常给自己提出这样的问题（而回答这个问题是不容易的）：在蛊惑者的身上什么东西更发达一些，是吹牛还是愚蠢？我们收到的从伦敦来的第四封信，使我们更难回答这个问题了。这些可怜虫在那里有多少啊！他们是这样迫切地渴望写作和看到他们的名字被登载在反动的报纸上，甚至甘心蒙受无穷的耻辱和自卑自贱。公众的嘲笑和愤慨同他们有何相干——只要《辩论日报》《国民议会报》《祖国报》刊载他们的作文练习就行了。为了得到这种幸福，这个世界主义的民主派付出任何代价都在所不惜……由于对写作的同情心，我们因此刊载了'公民'巴特尔米的下面这封信，这封信是一个新的、我们希望也是最后的证据，它证明著名的布朗基献词是真实的。他们起初全都否认这个献词的存在，而现在却为了争着确证这个献词的存在而互相辱骂以至厮打起来了。"〈342〉

＊　＊　＊　＊　＊

　　游击队的领袖，这个古意大利佣兵队长的后代，在现代战争中，尤其是在德国，是一种特殊现象。游击队的领袖习惯于独立行动，是反对任何最高总司令的。他的游击队员只服从他，而他也完全依赖于他们。因此，纪律在志愿部队里有极其特殊的性质：看情况而定，有时它严格到野蛮的程度，有时（而这是经常的）则极端松懈。游击队的领袖不能够总是摆出一副发号施令的面孔，他经常必须迎合他的游击队员，以实惠来讨好他们中的每一个人。一般的军人品质在这里并没有多大用处，为了使下属服从，必须用其他的品质来巩固勇敢。如果领袖没有高贵的出身，那他必须具有哪怕是高尚的意识，而这种意识又必须补充以阴谋、诡计和隐蔽的卑鄙行为。这样就不仅能博得自己的士兵的好感，而且也能收买居民的心，欺骗敌人，同时还被认为，特别是被敌人认为是个卓越的人物。但是，有了这一切还不足以掌握志愿部队，因为他们大部分或者一开始就是由流氓无产阶级组成的，或者是很快就变得和流氓无产阶级一样了。为了掌握志愿部队，需要有一种最高的观念。因此，志愿部队的领袖必须具有某些固定观念的精华，他必须是有原则的人，经常意识到自己负有解放世界的使命。他应当向队伍传教，在同每一个士兵作个别谈话时经常进行有教徒的宣传，从而把这个最高观念灌输给他的士兵，并使整个部队就此变成自己的精神上的儿女。如果这个最高观念具有思辨的、坚强的性质，并且超过一般的理智的水平，如果它具有某些黑格尔的特色，正如维利森将军企图灌输给普鲁士军队的那种观念一样，那就更好了。因此，使每一个游击队员具有高尚的意识，整个部队的行动就因此而获得思辨的神通，这使他们高高地超越于一般的缺乏头脑的勇敢之上；而这样的部队所以能获得荣誉，与其说是靠了它的成绩，不如说是靠了它的救世主的使命。如果使每一个战士都宣誓，说他们决心同他们为之而战的事业同归于尽，宁愿高唱着圣歌直到最后一个被杀死在边境上的最后一棵苹果树下，那么部队就能够更加坚强。这样的部队和这样的领袖如果同普通的世俗的军队交往，自然一定会感到自己受了侮辱，并且一旦有适当的机会就一定要竭力争取脱离军队，或者立刻使自己摆脱无信仰者的团体；他们最痛恨大规模的军事联合和大规模的战争，因为在这时靠最高尚的感悟来支持的阴谋行为，如果忽视军事艺术的一般规则，就会毫无作用。因此，游击队的领袖应当是个道地的十字军骑士：他应当一身兼扮隐士彼得和穷汉瓦尔特两个角色。他应当用自己的德行来对付他的五光十色的部队的放荡的生活方式。谁也不敢把他灌醉，而他自己必须宁可避开众人，偷偷地，哪怕是在晚上躲在被子里抱着酒瓶痛饮。如果他由于人类的弱点，在饱尝了人世的幸福之后，超过规定的时间，到深夜里才回到兵营，那么他就永远不要走大门，而宁肯绕个弯，越墙进去，以便不要把任何人诱入歧途。对于女人的魔力他应当表示冷淡，但是，如果他偶尔让一个裁缝的帮工在自己的床上休息，就像克伦威尔对待自己的下级军官那样，那他就会给人以良好的印象；他在自己的生活中决不应当成为过分的禁欲主义者。因为在探险的骑士（cavalieredellaventura）的后面站着他的部队的、主要是靠征用和免费住宿勉强度日的吃饭的骑士（cavalierideldente），而穷汉瓦尔特总是不得不对此睁一只眼闭一只眼，所以，仅仅由于这一点，隐士彼得就必须经常出面来进行准备好的安慰，说采取这种不愉快的办法，纯粹是为了拯救祖国，因而也是为了受难者本身的利益。<364>

《马克思恩格斯全集》（第九卷）

除去关于遗产税和酒精税的建议之外，内阁无疑地认为根据自由贸易政策的精神降低大量进口商品税是最好的诱饵，而店主、家庭主妇以及一般小资产者，在还没有认识到消费者从降低关税中，至少是从降低茶税中只得到一点微不足道的利益（因为大部分利益有被公司老板和垄断生产的资本家的利润吞噬的趋势）以前，也可能会纷纷赞成这样做。然而，肥皂税是完全取消了，像格莱斯顿所希望的，这一措施不仅应当帮助人民摆脱不整洁的、不卫生的寒伧相，使所有的面孔都变得清洁、潇洒和幸福，而且还应当彻底废除对黑人的奴役，结束无数"汤姆叔叔"的灾难，因为它将促进"非洲棕榈油的合法的贸易和生产"。格莱斯顿对于这一点深信不疑，他决心在吹嘘自己的手段方面赛过最世故的服饰商人和最会吹的江湖骗子。格莱斯顿还给这些诱人的前景添上数量相当可观的小贿赂，其中包括送给爱尔兰旅的几百万英镑的贿赂，即豁免由于饥荒而贷给爱尔兰的国债，还包括送给《泰晤士报》这个"善良的阿伯丁"及其联合内阁的同僚的可靠支柱的贿赂。这后一种贿赂就是取消只登广告的报纸副刊的印花税。大家知道，在所有的报纸中，只有《泰晤士报》发行大量这样的副刊。[93]

* * * * *

在这一类国家中，现在最典型的要数瑞士（不管暴戾的国王们做了什么事，遭殃的都是瑞士人）。任何一个欧洲国家的人民同统治者发生冲突，瑞士人都可以有把握地等着，他们那里也少不了麻烦，就这样一直弄到瑞士这个已经招来革命政党鄙视的国家在今年年初又被欧洲大陆的统治者视为异端而抛弃为止。瑞士在流亡者问题上同波拿巴皇帝发生冲突，一度几乎卷入战争；在纽沙特尔问题上同普鲁士发生冲突；在德森人和米兰起义问题上同奥地利发生冲突；在什么人都不发生兴趣的问题上同一些德国小邦发生冲突；冲突简直四面八方都有。这些冲突，以及威胁性的照会、驱逐令、签发护照时阻挠、宣布封锁等，就像冰雹一样落在不幸的瑞士民众的头上。但是，恐怕是人的天性吧，瑞士人仍然很幸福，很满意，仍然自有骄傲之处；他们感到处在这种被人嘲弄侮辱的冰雹之下，要比在政治地平线上万里无云的时候还要舒服。^{<102>}

* * * * *

"泰晤士报"在向自己的读者报道这些惊人数字时，大大唱了一阵赞歌，最后一句是"我们举国幸福，和谐！"但是，该报刚刚大声报告了这个可喜的发现，在英国全国，特别是在它的北方工业区，几乎到处都爆发了一系列的罢工，成了"泰晤士报"歌颂和谐的赞歌的一个很怪的回声。这些罢工，是剩余劳动力在生活必需品的价格普遍上涨的同时相对减少的必然结果。利物浦罢工的有5 000人，斯托克波尔特有35 000人，等等。罢工热甚至把警察也传染上了，在曼彻斯特就有250名巡警提出了辞呈。这种情况使资产阶级报纸（例如《地球报》）完全失去了自制，抛掉了平时那种慈善家的腔调。它开始诬蔑、咒骂、威胁，甚至公开吁请市政当局只要能找到一点点法律借口就进行干涉（在利物浦实际上已经进行干涉了）。这些市政当局即使本身不是工商业主，像郎卡郡和约克郡两地通常的情况那样，它们至少也都同实业界有密切联系，并且奉命唯谨。它们让工厂主规避执行10小时工作日的法律，规避禁止以实物作劳动报酬的法律，让工厂主不受惩罚地违反其他一切为制止工厂主的"露骨的"贪欲而专门颁布的法律；而对结社法它们总是作最偏颇和最不利于工人的解释。"富有骑士精神的"、以积极反对政府干涉而闻名的、宣扬私人利益在任何情况下都应自由处理的资产阶级学说——听之任之（laissezfaire）的自由贸易论者，只要工人的私人利益同他们自己的阶级利益发生冲突，总是第一个起来要求政府干涉。一遇到这种冲突，他们就以公开艳羡的目光注视着大陆国家，这些国家里的专制政府尽管不让资产阶级执政，但是至少也不容许工人进行反抗。至于革命政党准备怎样利用老板和工人之间的这场大冲突的问题，你们可以从宪章运动的领袖厄内斯特·琼斯写给我的下面这封信里清楚地了解到，这封信是他动身去郎卡郡的前夕发出的，那里正准备发起一个运动。<152>

* * * * *

伦敦的一家报纸不久前发表了下面一项有关东方问题的文件，读者诸君对此或许感兴趣。这就是现在住在伦敦的阿尔明尼亚大公发表的、在土耳其的阿尔明尼亚居民中散发的一项文告：

"受命于天的阿尔明尼亚最高大公狮子座告土耳其的阿尔明尼亚人：亲爱的兄弟们和忠实的同胞们！我们谨表示意志和殷切的希望，愿你们保卫你们的国家和苏丹，反对北方暴君，直到流尽最后一滴血。要记住，兄弟们，土耳其没有鞭子，土耳其人不割你们的鼻子，不鞭打你们的妻子，无论是私下还是当众。苏丹治下，人人安乐；北方暴君治下，只有野兽般的残暴。因此，你们要听从神的指示，勇敢地为保卫你们国家的自由和你们现在的国君而战。你们要拆除房屋来修筑街垒；如果没有武器，那就拆掉家具当作武器来自卫吧。愿主把你们引向光荣的道路。我唯一的幸福，就是在你们的队伍中为反对你们国家和你们的信仰的压迫者而战斗。神保佑使苏丹赞同我的号召，因为我们的宗教在他的治下保持着纯洁，而在北方暴君的统治下我们的宗教将被糟践。最后要记住，兄弟们，在写这个告示的人的血管中流着20个国王的血，流着我们的信仰的保卫者鲁西扬氏族众英雄的血。因此我们号召你们：保卫我们的宗教的纯洁直到流尽最后一滴血。"<156>

* * * * *

罗登伯爵叫道："我不属于任何党派，但我极其关心爱尔兰的幸福。"

换言之，勋爵阁下是认为爱尔兰极其关心罗登伯爵的幸福。"这不是党派的问题，而是所有贵族的问题"——这就是上院的一致呼声，事实上也正是如此。在两党之间，在辉格党贵族和托利党贵族之间，在属于联合内阁的贵族和属于在野派的贵族之间，一开始就暗中商妥不让上述法案通过，而整个激烈的争论不过是一幕为报界采访员上演的闹剧而已。<286>

* * * * *

这位后来把爱尔兰本地人从自己领地上"清扫"出去的大慈善家，一刻也不能准许爱尔兰人贫困的乌云遮蔽大地主和金融巨头们晴朗的天空。

他说："固然爱尔兰的农民没有享受到所有英国农民所享受到的全部幸福。请想一想，每星期只有 7 个先令收入的家庭能享受什么幸福吧！然而—— 他接着说—— 爱尔兰农民也有他们的幸福…… 他们有足够的燃料，没有吃的也只是偶然的事（六天中只有四天）。"

多么幸福啊！可是爱尔兰农民的幸福还不止这些。"他们有一种比他们的英格兰患难弟兄更为乐天的性格。"（下院，1829年5月7日）像谈论爱尔兰农民所享受的幸福时一样，他在谈到爱尔兰地主对农民的压榨勒索时，也是那样嬉皮笑脸：

"有人说，爱尔兰地主尽可能地向农民榨取最高的地租。可是阁下，我想这并不是什么稀奇的事；英国的地主无疑也是一模一样。"（下院，1829年3月7日）

所以，一个这样迷恋"光荣的英国宪制"的奥秘和"英国自由体制的好处"的人，力图在整个大陆上推行这些事物，这还有什么奇怪呢？——第9卷，帕麦斯顿勋爵。[397]

* * * * *

不过，我们还是没有可能去更细密地观察英国日益显著的内战征兆，特别是因为，伦敦报界有意装作看不见这些重大的事实，用一些琐碎事情来转移读者的注意力，例如，报道约克郡的一个工业大王泰特斯·索耳特先生在他的工厂宫开幕的时候举行宴会，像皇家那样招待了当地的贵族，同时还招待了他的工人。首都的报纸向读者报道，这位工业大王曾举杯祝"工人阶级的兴旺、健康和幸福"。但报纸却没有报道几天之后他厂子里的织半毛织品的工人们就接到再度降低工资的通知，工资从两先令三便士减为两先令一便士。他的一个受害者在《人民报》上说："如果这就意味着织工们的健康或兴旺，那么至少我个人是不要的。"[470]

* * * * *

这是《先驱晨报》的话。

"我们的经济学家曾一再吹嘘什么贸易自由将带来巨大的、我们梦想不到的福利；但是冬季已经来了，来年一回春瘟疫就要流行，现在正是我们的贫民迫切需要比平常好一点的食物和暖一点的衣服的时候，这样才能维持健康，更能抵御疾病；但是恰好在这个时候，生活必需品的价格却异乎寻常地高昂，简直是在要他们的命。那种要使全国人幸福的人间天堂根本谈不到，而那种种预言物价永远低廉和产品永远丰富的说法看来也应当同那些在人民中散布的无数幻想归在一起，某些人正是用这些幻想，才使我们的社会走入迷途……英国社会是一个腐化的、害人的、不道德的、无知的、残酷的、充满错觉的、愤愤不平而生活非常困苦的社会。"帕麦斯顿阁下的沙龙报纸，他的官方机关报《晨邮报》就是这样说的。[591]

《马克思恩格斯全集》（第十卷）

　　还有一个极其重要的方面。只是在关于阿尔巴尼亚爆发了希腊居民的暴动、暴动已蔓延到特萨利亚和马其顿的消息传到了伦敦和巴黎之后，他们才着手派遣不列颠和法国的军队。正如罗素、克拉伦登、斯特腊特弗德·德·雷德克利夫的急件所表明的，英国内阁一开始就很不耐烦地等待这次暴动。这次暴动给英国内阁一个最好的口实，使它可以借口充当土耳其人和俄国人之间的调停人而去干涉苏丹同他自己的基督教臣民之间的纠纷。从天主教徒开始干涉希腊人（我在这里只是在宗教的意义上使用这个词）的事务的时候起，就可以有把握地指望欧洲土耳其的1 100万居民同沙皇达成协定，沙皇在这种场合下就会真正成为他们在宗教上的保护者。在穆斯林和他们的正教臣民之间是没有任何宗教上的纠纷的，但是在宗教上对天主教徒的仇视可以说形成了土耳其境内信仰正教的各种民族之间的唯一的共同联系。自从穆罕默德二世包围君士坦丁堡的时候起，自从希腊的海军上将、拜占庭帝国最有势力的人鲁卡·诺塔腊斯公开声明，他乐意在首都看到土耳其的缠头的胜利，而不乐意看到罗马帽子的胜利的时候起，这方面就没有发生任何变化；另外，曾经流传过一个匈牙利的预言，说只有消灭了可诅咒的正教异教徒，只有土耳其人毁灭了君士坦丁堡，基督徒才能真正幸福。因此，西方强国对苏丹同其正教臣民之间的关系的任何干涉都将有利于沙皇的计划。如果奥地利打算像自己在1791年那样，借口反对俄国派在塞尔维亚的叛变性的阴谋而去占领这个公国，那结果也是一样。还要补充的是，伦敦传说伊皮罗斯的暴动的居民似乎得到从伊奥尼亚群岛来加入他们中间的希腊人的支持，英国当局在这方面没有阻挠这些希腊人，而且联合政府的机关报《泰晤士报》在星期六的报上把希腊暴动的

消息看成是一个非常称心的事件。<108>

* * * * *

联合内阁可以埋怨的不是沙皇的不坦率或者过分矜持，恰恰相反，而是他的无耻的坦率，因为他曾坦率地对大臣们倾诉衷肠，使他们成为执行自己最隐秘的计划的心腹，从而把唐宁街的内阁变成涅瓦大街皇帝陛下的办公厅。有一个人信任你而对你说，他打算杀死你的朋友，并建议你同他事先商定分赃问题。如果这个人是俄国皇帝，而你是英国大臣，那么你就不是把他拉到被告席上去，而是十分奴颜婢膝地感激他对你的高度信任，并像约翰·罗素勋爵那样认为自己非常幸福，能够看到"他的温和、坦率和友好愿望"。<163>

* * * * *

这个草案附有一份涅谢尔罗迭伯爵的急件，在急件中总理大臣提醒普鲁士和奥地利注意长时期以来就是欧洲盾牌的三国同盟的重大意义。由于战争的威胁，皇帝陛下认为自己有向自己的朋友和同盟者发出庄严的号召的义务。他们的共同利益要求他们把对待如此重大事件的立场明确规定下来。他强调指出西方强国所采取的单方面行动，同时提请注意它们对德意志各邦的利益所采取的蔑视态度。而俄国却不是这样。它准备单独挑起战争的重担，而不要求自己的朋友和同盟者任何援助或牺牲。两个大邦和整个德意志的幸福取决于它们的联盟。它们用这样的办法阻止危机蔓延，而且也许会促进危机的解决。其次，俄国的急件中指出了德意志强国面临的三种互相排斥的可能性：同俄国联合起来对付海上强国，同海上强国联盟反对俄国，以及严格遵守中立。至于同俄国联盟，那么沙皇并没有这种需要；至于反对沙皇，那么只要德意志强国不让西方强国来吓倒自己，也没有可能。最后一点则是意味着屈从侮辱性的需要和迎接悲惨的未来。本土不可攻破的俄国，它不怕任何军事侵略，也不怕更为有害的革命精神的侵袭。<203>

* * * * *

侯爵然后又责骂首相，说他一向是欧洲专制制度的最热心的、最坚定的和最有力的拥护者，为了证明这一点，他引用了葡萄牙、比利时和西班牙的历史，并暗示阿伯丁曾经反对1834年著名的四国同盟。的确，需要有老辉格党人的冷静沉着和恬不知耻的本领才能在这个时候吹捧比利时的"光荣"，吹捧葡萄牙和西班牙的"宪政"，吹捧欧洲因四国同盟而得到的普遍幸福，而对于四国同盟，帕麦斯顿在自己的辩护词中曾不顾真相地说这是达莱朗而不是他帕麦斯顿出的主意。<322>

* * * * *

尽管参加西班牙起义的主要是民族分子和宗教分子，然而在起义的头两年曾有非常明显的社会政治改革的倾向；这一点从当时所有省洪达的宣言中都可以看出来，这些甚至大部分是由特权阶级代表人物草拟的宣言也没有忽略谴责旧制度和许诺进行根本改革。这一点从中央洪达的宣言中也可以看出来。中央洪达在1808年10月26日第一个告人民书中说："存在了20年的最庸碌无能的暴政，把国家带到灭亡的边缘；仇恨和争执使国民脱离了政府。不久前还受压迫、受屈辱的人民，意识不到自己力量的强大，而在制度方面和法律方面又都找不到防止政府为非作歹的保障，便认为外国人的统治还没有这个有害的暴政那样可恨。这种总是反复无常而且几乎总是不公正的任性的统治，拖延得太久了；人民的耐性、人民对秩序的热爱和人民的浑厚的忠义之忱，长期被当局滥用；现在到了让建立在共同幸福基础上的法律发挥作用的时候了。因此在生活的各个领域必须进行改革。洪达将要建立各种主管部门委员会，一切有关政府和当局的书面建议应当送交这些委员会。"<480>

* * * * *

18世纪末开明专制政府的大臣弗洛里达布朗卡和康波曼内斯早在这方面采取了某些步骤。此外也不应该忘记，与议会同时活动的，还有马德里的法国政府，它在所有被拿破仑军队占领的省份里彻底消灭了一切寺院的和封建的机构，建立了现代管理制度。波拿巴派的报纸把起义完全说成是英国利用僧侣和宗教裁判所的支持而进行的阴谋和收买的结果。同外国政府抗衡对议会的决议起了怎样的良好影响，可以从以下一点看出来。中央洪达在1809年9月宣布召开议会的法令中也对西班牙人这样说："诽谤我们的人硬说我们在维护腐败政府的积弊和根深蒂固的恶习。你们要让他们看到，你们是在为祖国的幸福和独立而斗争，从现在起，你们不愿意再听命于独夫的专横和任性了”等。[497]

《马克思恩格斯全集》（第十一卷）

查理·约克把每一个反对在英国已经出现了赤贫现象的时候还在实行的无耻的滥设官职制度的提案说成是图谋破坏"我们神圣的宗教的幸福安宁"。这位查理·约克是在什么样的情况下庆贺自己高升到了上院的呢？伐耳赫伦岛远征于1810年在英国引起了像克里木远征在1855年所引起的事件。当时波尔切斯特尔勋爵向下院提出了任命一个调查委员会的提案。查理·约克激烈反对，说这是阴谋，这是要激起人们的不满，等等。尽管如此，波尔切斯特尔的提案还是被通过了。<249>

* * * * *

1833年6月7日，罗素声明，"为了避免同上院冲突，他不顾深深扎根在他心灵的信念而放弃了这两项建议。他深信这些措施对于国家的幸福、繁荣和安宁是具有重大意义的"。（你们看，这就是他玩弄辞令的典型例子。）<439>

* * * * *

消费税的收入在英国被认为是社会下层阶级幸福生活（comforts）的标志。消费税的收入甚至在较好的季度也减少了266 006英镑，然而乔·康·路易斯爵士的新的酒类税却在苏格兰和爱尔兰充分地实施了。路易斯指望他的附加税会增加到100万英镑。与此相反，他在一个季度内就丢了266 006英镑。至于印花税，全年它增加了100 472英镑，而在半年内却减少了48 402英镑，最近一个季度减少了103 344英镑。如果考虑到格莱斯顿第一次实行的遗产税正在充分实施，这就尤其值得注意了。属于这一类（印花税）的邮政收入全年亏空206 819英镑，半年亏空175 976英镑，最近一个季度亏空812 243英镑。地产税的收入全年增加了6 484 147英镑，半年增加了2 195 124英镑，一个季度增加了1 993 590英镑。然而，不应该忘记，格莱斯顿把原来的税率提高了一倍，由此得到的新税收可达650万英镑，此外，乔·康·路易斯爵士还实行了每英镑征收2便士附加税的办法，这样可使税收增加400万英镑。由此可见，在地产税的收入方面，收入的增加无论如何也不能和税率的增长相适应。[625]

* * * * *

弗里德里希·威廉不愿满足于父亲遗留给他的死气沉沉的官僚主义的政府机器。他一生都在幻想着以某种浪漫主义的歌德式的图案来装饰普鲁士国家的大厦。但是根据他的贵族院（Herren-haus）活动的经验，他很快就确信，实际上地主们，或者像普鲁士人所称呼的乡村绅士们（krautjunkers），决不认为替官僚制度充当中世纪的装饰品是一种幸福；他们用一切力量竭力贬低这种官僚制度，把它降低到自己阶级利益的单纯工具的地步。这也就说明了容克们和政府之间、国王和普鲁士王子之间发生冲突的原因。容克们为了向政府表示他们不是在开玩笑，他们刚不久就拒绝了批准和继续征收战时实行的附加税，这是在立宪的普鲁士从未听见过的事情。他们冷静而坚定地宣称：他们在自己的领地上有着跟普鲁士国王在全国所有的同样充分的权力。他们顽强地力争使宪法成为对其他一切阶级来说是有名无实的东西，而对自己却具有实际的作用。他们一方面要摆脱官僚制度的任何监督，另一方面又想要这种官僚制度以双倍的力量压住所有其他的下层阶级。[716]

《马克思恩格斯全集》（第十二卷）

　　正巧在法国出现了圣西门学派，这个学派在产生和衰落的时期都沉溺于一种幻想，以为随着普遍的幸福生活的到来，一切阶级矛盾就必定会消失，而这种幸福生活是可以靠某种新发明的社会信贷计划获得的。在coupd' état时期，这种类型的圣西门主义还没有彻底死亡。曾经有个米歇尔·舍伐利埃，《辩论日报》的一位经济学家；有个蒲鲁东，他企图用奇形怪状的假面具掩盖圣西门学说中最坏的部分；还有实际上同证券投机和路特希尔德都有关系的两个葡萄牙的犹太人，他们有一个时期是安凡丹天父的信徒，他们凭着自己的实际经验敢于透过社会主义认出证券投机，透过圣西门认出罗。这两个人——艾米尔·贝列拉和伊萨克·贝列拉都是Crédit Mobilier的创办人和波拿巴社会主义的创始人。[31]

*　*　*　*　*

　　可用马拉巴尔海岸坎纳腊的塔鲁克的居民请愿书来结束摘自蓝皮书的这些引文。这些居民说他们白白向政府提出了几次请愿书，然后把他们过去的情况和目前的情况作了如下的比较。

　　"在'腊尼'、巴哈杜尔和提普治理时期，我们耕作水地和旱地、丘陵地、低洼地和森林地，缴纳定得很低的税款，因此我们过着安定和幸福的日子。西尔卡尔官员当时要我们缴纳额外的税款，但是我们从来没有缴过。收税时我们没有吃过苦头、没有受过压迫或虐待。但是当这个国家交给尊贵的公司以后，这个公司就千方百计地设法榨取我们的钱财。抱着这个恶毒的目的，公司就制条例、发命令，并派来收税官和民事法官执行这些条例和命令。不过，那时的收税官及其下属当地官员，有一个时期对我们的控诉还给予应有的注意，还按照我们的愿望办事。相反，现在的收税官及其下属官员，不择手段地想达到升官目的，对人民的福利和利益漠不关心，对我们的控诉充耳不闻，使我们遭到各种压迫。"[295]

* * * * *

可怜的勒克瑙的太太们！固然，在这种动荡不安的时代里，旦夕之间就改朝换代，革命和经济破产使一切人生幸福都变得异常飘摇不定，要是我们听说其一位旧日王后不得不亲自缝补甚至洗袜子，更不用说亲自烹制羊肉饼，我们是不会深表同情的。但是问题是一位英印夫人，是退伍军官、印度政府官员、商人、办事员或冒险家的那一大批姊妹、表姊妹或侄女当中的一个，是那每年，或者更确切地说，在爆发起义前每年直接从寄宿学校送到印度广大的婚姻市场上去（和漂亮的切尔克斯女人被送到君士坦丁堡市场上去是同样鲁莽而且常常是更不情愿）的女郎中的一个——只要一想到这样一位太太不得不亲自洗衬衣，亲自烹调简单的饭食而完完全全没有人帮忙，你就会火上心来！完全没有"土著仆役"，唉，还得自己照管孩子！真是气人，真是还不如在康波尔的情形哪！[404]

* * * * *

接着马志尼正确地解释了1月14日事件的真实意义，他说炸弹没有击中皇帝，却击中了帝国，揭穿了帝国所说的大话全是胡诌。

"不久前，你还向欧洲夸口说，安宁、幸福和平静的法国的心是属于你的，法国把你当作它的救星来赞颂。但是几个月之后，勒佩勒蒂埃街上就发出了爆炸声，接着你采取野蛮的、慌张的镇压措施，向欧洲发出半带威胁、半带哀求的呼吁，从军事角度把全国分成许多区，并且指派一名武夫掌管内务部——你现在以这一切证明了，尽管经过七年的绝对统治之后，你拥有庞大而集中的军队，清除了国内所有使你担心的领袖人物，可是，如果不把法国变成一个大巴士底狱，不把欧洲变成帝国的一个警署，你就不可能生存和统治下去……的确，帝国原来是一个骗局。阁下，你是按照你自己的样子把它塑造出来的。上半个世纪在欧洲，除了达来朗以外，谁也没有像你那样多地撒过谎；而这就是你得以暂时掌权的秘密。"[454]

* * * * *

维克多·雨果给侄子起了个绰号叫小拿破仑，于是承认其伯父为大拿破仑了。他的著名小册子的标题就意味着一种对照，并且是对那种迷信拿破仑的现象表示一定程度的肯定，因为奥当斯·博阿尔奈的儿子就是依靠这种心理巧妙地建立了自己幸福的血腥大厦。但是，对目前这一代人更有益处的是要清楚了解，小拿破仑实际上反映了大拿破仑的劣迹。这一事实的最明显的例证，就是不久以前英法之间发生的"令人可悲的误解"，以及英国政府在这种"误解"的压力之下对侨民和印刷商进行的刑事审判。简短的历史回顾将证明，在这一出卑鄙的传奇剧中，小拿破仑只是不折不扣地重演了早先大拿破仑所构思和扮演过的卑劣角色。[456]

* * * * *

然而英国人夸口说他们用自由的宪法使伊奥尼亚人得到了幸福，使他们的物质资源发展到使希腊本土的悲惨经济状况相形见绌的水平。说起宪法，那么格雷勋爵当他受托从事整个大不列颠殖民帝国的宪法交易时，曾认为不便于不给伊奥尼亚群岛以宪法；但他只不过把英国许多年以前用欺骗手段从伊奥尼亚群岛夺走的东西还给了他们而已。[708]

《马克思恩格斯全集》（第十三卷）

我们丝毫也不了解拿破仑第三陛下目前的悲哀的政治细节，所以我们不知道，为什么他希望他今后的心情将经常欢乐而愉快。难道家庭的生活道路（他是这个家庭的一个冒充的成员）曾是那样可喜可乐和光辉灿烂，以致当他窃据了法国的王位，当他以自己的生命、自由和他能借到的钱作赌注冒险进行了一些小小的侵袭以后，他就可以追求奢侈逸乐的玫瑰花冠，追求支配人的权力，追求个人享受，追求约翰牛的祝福和追求对欧洲的控制（为了达到这一点需要有招摇撞骗的本领）了吗？难道他从未听见过"圣威廉"的意见："戴王冠的头是不能安于枕席的！"难道他不是认为在所有的人当中偏偏是他命中注定要为了全民族的幸福而在土伊勒里宫中受偏头疼的折磨吗？为什么他要投入弗·赫德爵士的宽广的怀抱并因为他热心追求的皇冠把他的头压得太紧而啼哭呢？如果他认为需要给《泰晤士报》写信，为什么他自己不去写，而要由一个没落的从男爵越俎代庖呢？要知道他曾一再粗暴地蔑视过礼节，难道他现在就不能那样做了吗？^{<303>}

* * * * *

但是，问题的真正实质与其说在于政府的意图，不如说在于人民的同情。我应当向你们指出，除了天主教党、封建政党以及1813～1815年的愚蠢的条顿空谈家的某些殖余分子而外，全德国人民，特别是德国北部的居民都感到，德国正处在左右为难的境地。德国人民要坚决站在意大利方面来反对奥地利，同时又不能不站在奥地利方面来反对波拿巴。当然，如果我们从奥格斯堡《总汇报》上的话来判断，我们就会一致相信，奥地利是每个德国人心中的偶像。我愿简单地叙述一下这家报纸所提出的理论。除了德意志民族而外，欧洲的所有民族都在分化。法国正在分崩离析；意大利应当因自己变成德国的兵营而感到特别幸福；各斯拉夫民族缺乏自己管理自己所必需的道德品质；英国因贸易而腐化了。因此，只有一个德国还是巩固的，而奥地利则是德国在欧洲的代表。它一方面使意大利，另一方面使斯拉夫人和马扎尔人受到德国的 Sittlichkeit 的深刻影响。<314>

* * * * *

但是，在进行这些新的冒险之前，还要经过一定的时间。克里木战争和意大利战争相隔四年。但是现在，当路易拿破仑还活着并掌权的时候，恐怕不会出现这样长的间歇了。他所赖以维持政权的劫运注定的必然性，将愈益频繁地打搅他，而且间歇将一次比一次短。军队的渴望，他给人民造成的日益恶化的状况，将迫使他一步比一步快地走下去。战争是使他能够保住皇位的条件，但是，由于他毕竟只是一个假波拿巴，所以看来战争将始终是徒劳的，是在欺骗的借口下发动的，是浪费鲜血和物质财富而不会给他的臣民带来任何好处的。克里木战争是如此。刚刚结束的战争也是如此。只有在这种条件下，法国才能享有赋予它的幸福——成为这个人攫为己有的国家。可以说，法国不得不无休止地诉诸十二月日子的实践。只不过破坏行动的地点从巴黎的林荫道转移到伦巴第的平原上或者克里木的赫尔松涅斯去了，而大革命的可怜后裔不是被利用来屠杀自己的同胞，而是被利用来屠杀操别种语言的人们罢了。<502>

《马克思恩格斯全集》（第十四卷）

要成为政治家和学者，光有虚荣心是不够的，否则，甚至克列美尔也可能成为政治家和学者了。遗憾的是福格特由于他的硫磺帮和他的舍尔瓦尔，自己也堕落到舍尔瓦尔那步田地了。的确，他们之间有一种内在的相似之处，突出地表现在：追求日常幸福、富裕生活和交际乐趣，而对严肃认真的事情采取轻率嘲弄的态度……

希望很快能收到您的友好回信，请接受衷心的问候。[446]

* * * * *

现在我们来谈一下8月26日的那封信的收信人、前普鲁士中尉席梅尔普芬尼希。我并不认识这位先生，也从来没有见过他。但我可以根据两封信来说明他。我只做了摘要的1853年11月23日的第一封信，是我的朋友、前普鲁士中尉和师团学校教官威·施特芬从切斯特寄给我的。信里说："有一次维利希派来这里（科伦）一位名叫席梅尔普芬尼希的副官。这位副官给我很大荣誉，邀我到他那里去，并且坚决地相信，他有十分把握能够一眼看去就对整个形势做出估计，比其他任何天天直接注视事实的人估计得更好。因此，当我告诉他，普鲁士军队的军官们决不会认为在他和维利希的旗帜下战斗是一种幸福，他们根本无意于匆忙地（citissimme）宣布成立维利希式的共和国的时候，他就很瞧不起我了。使他更为恼怒的是，没有物色到一个没有什么头脑的人同意翻印他随身带来的告军官书，告军官书号召军官们马上公开表示拥护他称之为民主制的'那个东西'。"[473]

＊＊＊＊＊

"我"—— 泰霍夫先生对"通知朋友们"的席梅尔普芬尼希先生说——"我……快结束时说，我一直设想他们（马克思、恩格斯等）要比卡员式的共产主义的幸福马厩这种荒唐思想高明一筹"云云。

设想啊！可见，泰雷夫虽然丝毫不了解我们的观点，但他还是把它们设想为不十分"荒唐"，可真是够宽宏大量、谦逊温和的了。<475>

＊＊＊＊＊

现在，请想象一下这个倒霉的托比吧，他连从印就的书上正确地抄录两行都无能为力；请想象一下这个托比吧，他注定要每天坐在万茨贝克读世界史，时刻不停地从中摘出那些只用模糊的头一个字母草率标明的大事记，并且把现代的渐淡和渐换他影的幻灯影（dissolving views）按原尺寸映现在"自由射手"上！不幸的万茨贝克的使徒！幸福的汉堡"自由射手"的读者！<654>

《马克思恩格斯全集》（第十五卷）

　　当你看到这种招募办法的时候，就会真的像回到了18世纪。尽管法律用种种形式上的障碍来限制这种做法，但是经过调查，在"完全由自愿者组成的英国军队"中，大多数人在加入这个机构时都是极不情愿的；至于归根结底是不是为了自身的幸福，一般说来就是另一个问题了。^{<660>}

《马克思恩格斯全集》（第十六卷）

但是普鲁士资产阶级——确实是毫无根据地——完全丧失了同工人结成真诚联盟的意愿。1848年，德国工人政党在它还刚刚开始组织和发展的时候，就打算在代价很低的条件下为资产阶级做一点事情，但是资产阶级害怕无产阶级的最小的独立运动甚于害怕封建贵族和官僚制度。资产阶级宁愿要用奴役换取的平静，而不愿看到哪怕只是争取自由的斗争的前景。从那时候起，这种对于工人的神圣恐惧在资产阶级那里变成了传统的东西，直到最后舒尔采德里奇先生开始他的储钱箱鼓动为止。这种鼓动是要向工人证明，他们最大的幸福是使自己以及自己的后代终生遭受资产阶级的工业剥削，而且工人还应当亲自促进这样的剥削，通过各种工业协会搞点额外收入，从而为资本家提供降低工资的可能性。虽然工业资产阶级和骠骑兵中尉一样，无疑是德国民族中最无知的阶级，毕竟这样的鼓动在德国智力这样发达的人民当中显然没有任何获得长久成功的希望。资产阶级中间比较有远见的人想必也懂得，这不可能得到任何成果，于是，同工人的联盟又一次失败了。[63]

* * * * *

昨天收到了你们5月12日的公开信。对我来说，收到大洋对岸我们的工人同志的祝贺是极大的幸福。我们的事业是共同的事业。贫富之间正在进行着战争。劳动到处都同样地受到压迫，而资本在世界的任何角落都同样是暴君。正因为这样，我说我们的事业是共同的事业。我以美国工人阶级的名义向你们，并通过你们向你们所代表的一切人，向欧洲全体被侮辱和被剥削的男女劳动者伸出同志的手。把你们所从事的有益的事业向前推进，直到你们的努力获得完全的胜利。这就是我们的心愿。由于上一次的战争，在我们这里形成了世界上最卑鄙的金融贵族。这种金融权势在迅速吞食人民的有生力量。我们已向它宣战，并且打算战胜它。如果有可能，我们想通过选举投票箱获得胜利；如果不可能，就采取更强硬的手段。在万不得已的时候，往往必须流一点血。" [431]

* * * * *

日内瓦的建筑业主经过深思熟虑之后得出结论说，"劳动的绝对自由"是劳动居民幸福的最好条件。为了使自己的工人能享受到这种福气，他们在6月11日决定采用英国发明的一种诡计，宣布对目前仍在他们那里工作的3000余名工人实行同盟歇业。[491]

* * * * *

三十年前使英国千百万受苦的劳动者产生的那些毫无根据的希望没有实现。曾经有人对他们说，取消关税限制将会使贫苦工人的命运得到改善，即使不能使他们幸福和满足，至少也会使他们永远摆脱饥饿。[657]

《马克思恩格斯全集》（第十八卷）

"由于人们常常对我们提出可笑的责难，说我们实行阶级政策，力求实现阶级统治等，因此我们首先要强调说：住宅问题并不是仅仅有关无产阶级的问题，相反，它同真正的中间等级、小手工业者、小资产阶级、全部官僚的利益有极大的关系……住宅问题正是社会改良办法中的一点，这一点显然比其他任何一点都更能揭示出，在无产阶级的利益和社会中真正中等阶级的利益之间有绝对的内在同一性。在租赁住宅的压迫的桎梏下，各中等阶级所受的痛苦同无产阶级一样厉害，也许还更厉害些……现在社会中各中等阶级本身面临着一个问题，即它是否……具有充分力量……与年轻力壮、精力充沛的工人政党结成联盟来参加社会改造过程，而这种改造过程的幸福的结果将首先为他们所享受。"<299>

* * * * *

在"社会中真正中等阶级"的利益同无产阶级的利益之间有着"绝对的内在同一性"，而且当前的社会改造过程的"幸福的结果将首先"正是为这些真正中等阶级所"享受"，而不是为无产阶级所"享受"。<300>

* * * * *

总之，工人应该袖手旁观，不把自己的时间浪费在参加政治运动和经济运动上面。这种活动只会给他们带来直接的后果。他们应该像真正的教徒那样，恬淡寡欲、虔诚地高呼：宁愿让我们的阶级被钉在十字架上，宁愿让我们的种族灭亡，但是永恒原则必须保持洁白无瑕！他们应该像虔诚的基督徒那样，相信牧师的话：抛弃一切尘世的幸福，一心一意只去想升入天堂。只要你们把有朝一日不知道在什么地方、不知道用什么方法、也不知道由什么人来实现的社会清算当作天堂，就会出现同样的幻境。<335>

* * * * *

可见，甚至在这个决定性的时刻，涅恰也夫本人也给了伊万诺夫的忠诚以应有的评价。他深信，虽然伊万诺夫要退出这个团体，但是他一定会来帮忙掘印刷机的，他不会出卖他的，因为如果他想这样做的话，那他在退出以前或者退出后立即就会做了。如果伊万诺夫想把涅恰也夫出卖给警察当局的话，那么现在就是他把这个罪犯当场抓住的机会。但是情况恰好相反：伊万诺夫感到很幸福，因为他终于得到了说明存在这个组织的肯定的证据，说明这个组织拥有某种现实手段（哪怕是一些印刷铅字）的明显标志。他忘记了涅恰也夫对变节者的一切威胁，当时他和一位朋友正在喝茶，尼古拉也夫奉涅恰也夫之命到这位朋友那里去找他，他匆忙告别了朋友，去见召唤他的涅恰也夫。<464>

* * * * *

第22条：除了人民即无知大众的彻底解放和幸福以外，本协会没有其他目的。但是本协会坚信，只有通过摧毁一切的人民革命才可能实现这种解放和达到这种幸福，所以本协会将利用一切力量和手段促进那些最终必然使人民无法容忍并迫使他们实行普遍起义的不幸和灾祸发展和蔓延。<475>

* * * * *

王朝显然是在毁灭自己。它认为它想得救就要窒息而不是激发觉醒了的人民生活。这种生活如果被理解了的话，它会把沙皇王朝提高到前所未见的强大和光荣的高度……真遗憾！这样庄严而美好的角色却很少落在沙皇王朝的身上。亚历山大二世可以很容易地成为受人民膜拜的偶像，成为俄国的第一个农民沙皇，他的强大并不在于本国人民惧怕他，而在于本国人民爱戴他，人民享有自由和过幸福的生活。依靠这种人民，他可能成为整个斯拉夫世界的救主和首脑……<494>

* * * * *

由于确信人民群众在自己的多少被历史所发展了的本能中，在自己的迫切需要中，以及在自己的有意识和无意识的企望中，具有未来正常组织的一切因素，所以我们是在人民之中"寻找这个理想"（社会组织）；而由于任何"国家"权力，任何政府按其实质、按其地位说来都是被置于人民之外和人民之上的，因此它必然要力图使人民服从与人民格格不入的制度和目的，所以我们宣布自己是任何政府权力、"国家"权力的敌人，是一切"国家"结构的敌人，并且认为，只有当人民"自下而上地"通过独立的和完全自由的联合，"没有"任何官方的监护，"但不是没有某些个人和政党的各种不同的、同等自由的影响而自己创造自己的生活"的时候，人民才能够是幸福和自由的。这就是"社会革命者的信念，为此人们称我们为无政府主义者"。<688>

* * * * *

共和大同盟是1871年成立的小资产阶级组织，在这个组织中扮演领导角色的有奥哲尔、布莱德洛、韦济尼埃、勒·吕贝等人。同盟宣布自己的目的是，用联合世界各国的共和主义者并由他们传播各种著作和小册子的办法，以及用在群众大会上做学术报告和发表演说以实现全面交流知识的办法来达到人类智力上、道德上和物质上的幸福。<767>

《马克思恩格斯全集》（第十九卷）

　　这种空前便宜的烧酒价格在不同的地方出现的时间不同，但是在各地几乎都是迅如闪电，它的作用是前所未闻的。我还十分清楚地记得，在20年代末，低廉的烧酒价格突然遍及下莱茵的工业区。例如在贝尔格区，特别是在爱北斐特－巴门，许多工人都耽于酗酒。"醉汉们"一群一群地，手挽着手，拥塞街头，吵吵嚷嚷，自晚上九时起，从这家酒馆逛到那家酒馆，最后各自蹒跚回家。从当时工人的文化水平来看，从他们的毫无出路的处境来看，这是毫不奇怪的，特别是在幸福之乡的乌培河谷，那里60年来一直是一种生产排挤着另一种生产，因此，一部分工人经常过着贫困的生活，甚至根本无法糊口，而另一部分工人（当时的染色工人）却得到在当时说来较高的报酬。既然当时的情形就是这样，乌培河谷的工人们只能在酒馆里的尘世烧酒和虔诚的教士那里的天堂烧酒之间进行选择，那么无论尘世烧酒多么糟糕，他们还是偏要选择它，这有什么奇怪的呢。[46]

　　* * * * *

　　理性的社会的遭遇也并不更好一些。富有和贫穷的对立并没有在普遍的幸福中得到解决，反而由于缓和这种对立的行会特权和其他特权的废除，由于减弱这种对立的教会慈善设施的取消而更加尖锐化了；现在已经实现的脱离封建桎梏的"财产自由"，对小资产者和小农说来，就是把他们的被大资本和大地产的强大竞争所压垮的小财产出卖给这些大财主的自由，于是这种"自由"对小资产者和小农说来就变成了失去财产的自由；工业在资本主义基础上的迅速发展，使劳动群众的贫穷和困苦成了社会的生存条件。[208]

* * * * *

如果说，我们在圣西门那里看到了天才的远大眼光，由于他有这种眼光，后来的社会主义者的几乎一切并非严格地是经济的思想都以萌芽状态包含在他的思想中，那么，我们在傅立叶那里就看到了他对现存社会制度所做的具有真正法国人的风趣、但并不因此显得不深刻的批判。傅立叶就资产阶级所说的话，就他们在革命前的狂热的预言者和革命后的被收买的奉承者所说的话，抓住了他们。他无情地揭露资产阶级世界在物质上和道德上的贫困，他不仅拿这种贫困和以往的启蒙学者关于只为理性所统治的社会、关于能给一切人以幸福的文明、关于人类无限完善化的能力的诱人的约言作对比，而且也拿这种贫困和当时的资产阶级思想家的华丽的词句作对比；他指出，和最响亮的词句相适应的到处都是最可怜的现实，他辛辣地嘲讽这种词句的无可挽救的破产。傅立叶不仅是批评家，他的永远开朗的性格还使他成为一个讽刺家，而且是自古以来最伟大的讽刺家之一。他以巧妙而诙谐的笔调描述了随着革命的低落而盛行起来的投机取巧和当时法国商业中普遍的小商贩气息。他更巧妙地批判了两性关系的资产阶级形式和妇女在资产阶级社会中的地位。他第一个表明了这样的思想：在任何社会中，妇女解放的程度是衡量普遍解放的天然尺度。但是傅立叶最伟大的地方是表现在他对社会历史的看法上。他把社会历史迄今为止的全部历程分为四个发展阶段——蒙昧、野蛮、宗法和文明。最后一个阶段就相当于现在所谓的资产阶级社会，即从16世纪发展起来的社会制度。[208]

《马克思恩格斯全集》（第二十卷）

  但是，当自然观的这种变革只能随着研究工作提供相应的实证的认识材料而实现的时候，一些在历史观上引起决定性转变的历史事实已经老早就发生了。1831年在里昂发生了第一次工人起义；在1838～1842年，第一次全国性的工人运动，即英国的宪章派运动，达到了自己的最高点。无产阶级和资产阶级间的阶级斗争一方面随着大工业的发展，另一方面随着资产阶级新近取得的政治统治的发展，在欧洲最发达的国家的历史中升到了首要地位。事实日益令人信服地证明，资产阶级经济学关于资本和劳动的利益一致、关于自由竞争必将带来普通协调和全民幸福的学说完全是撒谎。所有这些事实都再不能不加考虑了，正如作为这些事实的理论表现（虽然是极不完备的表现）的法国和英国的社会主义不能不加考虑一样。但是，旧的、还没有被排除掉的唯心主义历史观不知道任何基于物质利益的阶级斗争，而且根本不知道任何物质利益；生产和一切经济关系，在它那里只是被当作"文化史"的从属因素顺便提到过。[208]

　　＊　＊　＊　＊　＊

  唯物主义历史观从下述原理出发：生产以及随生产而来的产品交换是一切社会制度的基础；在每个历史地出现的社会中，产品分配以及和它相伴随的社会之划分为阶级或等级，是由生产什么、怎样生产以及怎样交换产品来决定的。所以，一切社会变迁和政治变革的终极原因，不应当在人们的头脑中，在人们对永恒的真理和正义的日益增进的认识中去寻找，而应当在生产方式相交换方式的变更中去寻找；不应当在有关的时代的哲学中去寻找，而应当在有关的时代的经济学中去寻找。对现存社会制度的不合理和不公平、对"理性化为无稽，幸福变成苦痛"的日益清醒的认识，只是一种征象，表示在生产方法和交换形式中已经静悄悄地发生了变化，适合于早先的经济条件的社会制度已经不再和这些变化相适应了。同时这还说明，用来消除已经发现的弊病的手段，也必然以多少发展了的形式存在于已经发生变化的生产关系本身中。这些手段不应当从头脑中发明出来，而应当通过头脑从生产的现成物质事实中发现出来。<208>

* * * * *

我用不着说她的个人品德了。这是她的朋友们都知道而且永远不会忘记的。如果有一位女性把使别人幸福视为自己的幸福，那么这位女性就是她。<324>

* * * * *

一生中能有这样两个发现，该是很够了。甚至只要能做出一个这样的发现，也已经是幸福的了。但是马克思在他所研究的每一个领域包括在数学领域都有独到的发现，这样的领域是很多的，而且其中任何一个领域他都不是肤浅地研究的。<375>

* * * * *

但是，当自然观的这种变革只能随着研究工作提供相应的实证的认识材料而实现的时候，一些在历史观上引起决定性转变的历史事实已经老早就发生了。1831年在里昂发生了第一次工人起义；在1838～1842年，第一次全国性的工人运动，即英国的宪章派运动，达到了自己的最高点。无产阶级和资产阶级间的阶级斗争一方面随着大工业的发展，另一方面随着资产阶级新近取得的政治统治的发展，在欧洲最发达的国家的历史中升到了首要地位。事实日益令人信服地证明，资产阶级经济学关于资本和劳动的利益一致、关于自由竞争必将带来普遍协调和全民幸福的学说完全是撒谎。所有这些事实都再不能不加考虑了，正如作为这些事实的理论表现（虽然是极不完备的表现）的法国和英国的社会主义不能不加考虑一样。但是，旧的、还没有被排除掉的唯心主义历史观不知道任何基于物质利益的阶级斗争，而且根本不知道任何物质利益；生产和一切经济关系，在它那里只是被当作"文化史"的从属因素顺便提到过。<28>

* * * * *

大约在一百年以前，在莱比锡出版了一本书，这本书到19世纪初已经再版了30多次；官方、传教士、各色各样的慈善家都在城市和农村传播、摊派这本书，并且普遍地把它作为教科书介绍给国民小学。这本书就是罗霍夫的《儿童之友》。它的目的在于教育农民和手工业者的子弟懂得他们一生的使命，以及他们对社会和国家的领导应尽的义务，同时，教导他们愉快地满足于他们在人间的命运，满足于黑面包和土豆，满足于劳役、低微的工资、长辈的鞭笞以及诸如此类的好事，而所有这些都是用当时国内流行的启蒙方式进行的。他们怀着这个目的开导城市和农村的青年：自然界安排得这样巧妙，以致人们必须通过劳动来维持生活和得到享受，命运让农民和手工业者可以用艰辛的劳动去给自己的膳食增添滋味，而不像富足的懒汉那样苦于消化不良、胆阻塞或便秘，勉勉强强地吞咽最精细的美食，这该使农民和手工业者感到多么幸福啊。老罗霍夫认为对当时的萨克森农民子弟挺有用的那些老生常谈，现在杜林先生却在他的《教程》第14页和以后几页上当作最新的政治经济学的"绝对基础性的东西"提供给我们。<201>

* * * * *

命运没有使杜林先生成为工厂主，因而他不必按照这个新规则去估定他的商品的价值，也不必因此而遭到不可避免的破产，这对于他来说是一种幸福。多么幸福！难道我们在这里还处于工厂主的社会吗？绝对不是。杜林先生用他的自然成本和绝对价值使我们做了一次跳跃，翻了一个真正的空心跟头，从现在的剥削者的恶世界翻到他自己的未来的经济公社，翻到平等和正义的纯洁的太空中，所以我们在这里还不得不稍微观察一下这个新世界，虽然还为时过早。<216>

* * * * *

我们在《引论》里已经看到，为革命作了准备的十八世纪的法国哲学家们，如何求助于理性，把理性当作一切现存事物的唯一的裁判者。他们要求建立理性的国家、理性的社会，要求无情地铲除一切和永恒理性相矛盾的东西。我们也已经看到，这个永恒的理性实际上不过是正好在那时发展成为资产者的中等市民的理想化的悟性而已。因此，当法国革命把这个理性的社会和这个理性的国家实现了的时候，新制度就表明，不论它较之旧制度如何合理，却绝对不是"绝对合乎理性"的。理性的国家完全破产了。卢梭的社会契约在恐怖时代获得了实现，对自己的政治能力丧失了信心的市民等级，为了摆脱这种恐怖，起初求助于腐败的督政府，最后则托庇于拿破仑的专制统治。早先许下的永久和平变成了一场无休止的掠夺战争。理性的社会的遭遇也并不更好一些。富有和贫穷的对立并没有在普遍的幸福中得到解决，反而由于沟通这种对立的行会特权和其他特权的废除，由于缓和这种对立的教会慈善设施的取消而更加尖锐化了；工业在资本主义基础上的迅速发展，使劳动群众的贫穷和困苦成了社会的生存条件。犯罪的次数一年比一年增加。如果说，以前在光天化日之下肆无忌惮地干出来的封建罪恶虽然没有消灭，但终究已经暂时被迫收敛了，那么，以前只是暗中偷着干的资产阶级罪恶却更加猖獗了。商业日益变成欺诈。革命的箴言"博爱"，在竞争的诡计和嫉妒中获得了实现。贿赂代替了暴力压迫，金钱代替了刀剑，成为社会权力的第一杠杆。初夜权从封建领主手中转到了资产阶级工厂主的手中。卖淫增加到了前所未闻的程度。婚姻本身和以前一样仍然是法律承认的卖淫的形式，是卖淫的官方的外衣，并且还以不胜枚举的通奸作为补充。总之，和启蒙学者的华美约言比起来，由"理性的胜利"建立起来的社会制度和政治制度竟是一幅令人极度失望的讽刺画。那时只是还缺少指明这种失望的人，而这种人随着世纪的转换出现了。[282]

* * * * *

傅立叶就资产阶级所说的话，就他们在革命前的狂热的预言者和革命后的被收买的奉承者所说的话，抓住了他们。他无情地揭露资产阶级世界在物质上和道德上的贫困，他不仅拿这种贫困和启蒙学者关于只为理性所统治的社会、关于能给一切人以幸福的文明、关于人类无限完善化的能力的诱人的约言作对比，而且也拿这种贫困和当时的资产阶级思想家的华丽的词句作对比；他指出，和最响亮的词句相适应的到处都是最可怜的现实，他辛辣地嘲讽这种词句的无可挽救的破产。[284]

* * * * *

唯物主义历史观从下述原理出发：生产以及随生产而来的产品交换是一切社会制度的基础；在每个历史地出现的社会中，产品分配以及和它相伴随的社会之划分为阶级或等级，是由生产什么、怎样生产以及怎样交换产品来决定的。所以，一切社会变迁和政治变革的终极原因，不应当在人们的头脑中，在人们对永恒的真理和正义的日益增进的认识中去寻找，而应当在生产方式和交换方式的变更中去寻找；不应当在有关的时代的哲学中去寻找，而应当在有关的时代的经济学中去寻找。对现存社会制度的不合理和不公平、对"理性化为无稽，幸福变成苦痛"的日益清醒的认识，只是一种征象，表示在生产方法和交换形式中已经静悄悄地发生了变化，适合于早先的经济条件的社会制度已经不再和这些变化相适应了。同时这还说明，用来消除已经发现的弊病的手段，也必然以多少发展了的形式存在于已经发生变化的生产关系本身中。这些手段不应当从头脑中发明出来，而应当通过头脑从生产的现成物质事实中发现出来。[292]

* * * * *

"富有和贫穷的对立并没有在普遍的幸福中得到解决，反而由于沟通这种对立的行会特权和其他特权的废除，由于缓和这种对立的教会慈善设施的取消而更加尖锐化了；工业在资本主义基础上的迅速发展，使劳动群众的贫穷和困苦成了社会的生存条件。"——对这段话作了如下的补充：

富有和贫穷的对立并没有在普遍的幸福中得到解决，反而由于沟通这种对立的行会特权和其他特权的废除，由于缓和这种对立的教会慈善设施的取消而更加尖锐化了；现在已经实现的脱离封建桎梏的"财产自由"，对小资产者和小农说来，就是把他们的被大资本和大地产的强大竞争所压垮的小财产出卖给这些大财主的自由，于是这种"自由"对小资产者和小农说来就变成了失去财产的自由；工业在资本主义基础上的迅速发展，使劳动群众的贫穷和困苦成了社会的生存条件。现金交易，如卡莱尔所说的，日益成为社会的唯一纽带。[703]

《马克思恩格斯全集》（第二十一卷）

可见，个体婚制在历史上绝对不是作为男女之间的和好而出现的，更不是作为这种和好的最高形式而出现的。恰好相反。它是作为女性被男性所奴役，作为整个史前时代所未有的两性冲突的宣告而出现的。在马克思和我于1846年合写的一个旧的、未发表的手稿中，我发现了如下一句话："最初的分工是男女之间为了生育子女而发生的分工。"现在我可以补充几句：在历史上出现的最初的阶级对立，是同个体婚制下的夫妻间的对抗的发展同时发生的，而最初的阶级压迫是同男性对女性的奴役同时发生的。个体婚制是一个伟大的历史的进步，但同时它同奴隶制和私有财富一起，却开辟了一个一直继续到今天的时代，在这个时代中，任何进步同时也是相对的退步，一些人的幸福和发展是通过另一些人的痛苦和受压抑而实现的。个体婚制是文明社会的细胞形态，根据这种形态，我们可以研究文明社会内部充分发展着的对立和矛盾的本来性质。[78]

＊　＊　＊　＊　＊

在今日的资产阶级中间，缔结婚姻有两种方式。在天主教国家中，父母照旧为年轻的资产阶级儿子选择适当的妻子，其结果自然是一夫一妻制所固有的矛盾得到了最充分的发展：丈夫方面是大肆实行杂婚，妻子方面是大肆通奸。天主教会禁止离婚，恐怕也只是因为它确信对付通奸就像对付死亡一样，是没有任何药物可治的。相反地，在各个新教国家中，通例是允许资产阶级的儿子有或多或少的自由去从本阶级选择妻子；因此，恋爱在某种程度上可能成为结婚的基础，而且根据新教伪善的精神，为了体面，也经常以此为前提。在这里，丈夫实行杂婚并不那么厉害，而妻子的通奸也比较少些。不过，在任何婚姻形式下，人们结婚后和结婚前仍然是同样的人，而各个新教国家的资产者又大多数都是些庸人，所以，这种新教的一夫一妻制，即使拿一般最好的场合来看，也只不过是导致被叫作家庭幸福的极端枯燥无聊的夫妇同居罢了。小说就是这两种婚姻方式的最好的镜子：法国的小说是天主教婚姻的镜子；德国的小说是新教婚姻的镜子。在两种场合，"他都有所得"；在德国小说中是青年得到了少女；在法国小说中是丈夫得到了绿帽子。两者之中究竟谁的处境更坏，不是常常都可以弄清楚的。因此，法国资产者害怕德国小说的枯燥，正如德国的庸人害怕法国小说的"不道德"一样。可是，最近，自从"柏林成为世界都市"以来，德国小说也开始不那么胆怯地描写当地早就为人所知的杂婚和通奸了。[83,84]

* * * * *

　　然而，只有能够自由地支配自身、行动和财产并且彼此处于平等地位的人们才能缔结契约。创造这种"自由"而"平等"的人们，正是资本主义生产的最主要的任务之一。虽然这在最初不过是半自觉地发生的，并且穿上了宗教的外衣，但是自路德和加尔文的宗教改革以来，就牢固地确立了一个原则，即一个人只有在他握有意志的完全自由去行动时，他才能对他的这些行为负完全的责任，而对于任何强迫人从事不道德行为的做法进行反抗，乃是道德上的义务。但是这同迄今为止的订立婚约的实践怎么能协调起来呢？按照资产阶级的理解，婚姻是一种契约，是一种法律行为，而且是一种最重要的法律行为，因为它决定了两个人终身的肉体和精神的命运。不错，这种契约那时在形式上确是自愿缔结的；没有当事人双方的同意就不能解决问题。不过人人都非常明白，这一同意是如何取得的，实际上是谁在订立婚约。既然在缔结别的契约时要求真正自由的决定，那么在订立婚约时为什么不要求这种自由呢？难道两个将要结合的青年人没有权利自由地处理他们自己、他们的身体以及身体的器官吗？难道性爱不是由于骑士而成为时髦，难道夫妇之爱不是性爱的正确的资产阶级形式而同骑士的通奸之爱相反吗？既然彼此相爱是夫妇的义务，难道相爱者彼此结婚而不是同任何别人结婚不同样也是他们的义务吗？难道相爱者的这种权利不是高于父母、亲属以及其他传统的婚姻中介人和媒妁的权利吗？既然自由的、个人选择的权利已经无礼地侵入教会和宗教的领域，它怎么能

在老一代支配下一代的身体、精神、财产、幸福和不幸这种难以容忍的要求面前停步呢？<93, 94>

* * * * *

德国人之中被捕的有卡尔沙佩尔和亨利希鲍威尔；路易·菲力浦政府满足于把他们比较长期地监禁之后驱逐出境。两人都到伦敦去了。沙佩尔出生在拿骚的魏耳堡；他在吉森的林学院学习时于1832年参加了格奥尔格毕希纳组织的密谋活动，于1833年4月3日参加了袭击法兰克福警察岗哨的行动，逃亡国外，并于1834年2月参加了马志尼向萨瓦的进军。他身材魁伟，果决刚毅，时刻准备牺牲生活幸福以至生命，是19世纪30年代起过一定作用的职业革命家的典型。正像他从"惑者"到共产主义者的发展所证明的，他虽然思维有些迟缓，但绝对不是不能较深刻地理解理论问题，并且一经理解就更加坚定地奉行。正因为如此，他的革命热情有时和他的理智是有距离的，但他事后总是发现自己的错误，并公开承认这些错误。他是个纯粹的人，他在建立德国工人运动方面所做的一切是永远不会被遗忘的。<242, 243>

* * * * *

从上述一切可以明白，关于道德，费尔巴哈所告诉我们的东西是极其贫乏的。追求幸福的欲望是人生下来就有的，因而应当成为一切道德的基础。但是追求幸福的欲望受到双重的矫正。第一，受到我们的行为的自然后果的矫正：酒醉之后，必定头痛；放荡成习，必生疾病。第二，受到我们的行为的社会后果的矫正：要是我们不尊重他人追求幸福的同样的欲望，那么他们就会反抗，妨碍我们自己追求幸福的欲望。由此可见：我们要满足我们的这种欲望，就必须能够正确地估量我们的行为的后果，同时还必须承认他人的相应的欲望的平等权利。因此对己以合理的自我节制，对人以爱（永远是爱），这就是费尔巴哈的道德的基本准则，其余的一切都是从这个准则推出来的。无论费尔巴哈的妙语横生的议论或施达克的热烈无比的赞美，都不能掩盖这几个命题的贫瘠和空泛。

当一个人专为自己打算的时候，他追求幸福的欲望只有在非常罕见的情况下才能得到满足，而且绝对不是对己对人都有利。他需要和外部世界来往，需要满足这种欲望的手段：食物、异性、书籍、谈话、辩论、活动、消费品和操作对象。二者必居其一：或者费尔巴哈的道德是以每一个人无疑地都有这些满足欲望的手段和对象为前提，或者它只向每一个人提供无法应用的忠告，因而它对于没有这些手段的人是一文不值的。这一点，费尔巴哈自己也是说得很直截了当的："皇宫中的人所想的，和茅屋中的人所想的是不同的。""如果你因为饥饿、贫困而身体内没有营养物，那么你的头脑中、你的感觉中，以及你的心中便没有供道德用的食物了。"<331>

* * * * *

关于他人追求幸福的平等权利，情况是否好一些呢？费尔巴哈无条件地提出这种要求，认为这种要求是适合于任何时代和任何情况的。但是这种要求从什么时候起被认为是适合的呢？在古代的奴隶和奴隶主之间，在中世纪的农奴和领主之间，难道谈得上追求幸福的权利平等吗？被压迫阶级追求幸福的欲望不是被冷酷无情地和"由于正当理由"变成了统治阶级的这种欲望的牺牲品吗？——是的，这也是不道德的，但是现在平等权利被承认了。自从资产阶级在反对封建制度的斗争中并在发展资本主义生产的过程中不得不废除一切等级的即个人的特权，而且起初在私法方面、后来逐渐在公法方面实施了个人在法律上的平等权利以来，平等权利在口头上是被承认了。但是，追求幸福的欲望只有极微小的一部分可以靠理想的权利来满足，绝大部分却要靠物质的手段来实现，而由于资本主义生产所关心的，是使绝大多数权利平等的人仅有最必需的东西来勉强维持生活，所以资本主义对多数人追求幸福的平等权利所给予的尊重，即使一般说来多些，也未必比奴隶制或农奴制所给予的多。关于幸福的精神手段、教育手段，情况是否好一些呢？就连"萨多瓦的小学教师"不也是一个神话人物吗？<332>

* * * * *

不仅如此。根据费尔巴哈的道德论，证券交易所就是最高的道德殿堂，只要人们的投机始终都是得当的。如果我追求幸福的欲望把我引进了交易所，而且我在那里又善于正确地估量我的行为的后果，因而这些后果只使我感到愉快而不引起任何损失，就是说，如果我经常赚钱的话，那么费尔巴哈的指示就算执行了。我也并没有因此就妨碍另一个人追求幸福的同样的欲望，因为另一个人和我一样地是自愿到交易所里去的，他和我成立投机交易时是按照他追求幸福的欲望行事，正如我是按照我追求幸福的欲望行事一样。如果他赔了钱，那么这就证明他的行为是不道德的，因为他盘算错了，而且，在我对他执行应得的惩罚时，我甚至可以摆出现代拉达曼的架子来。在交易所里，只要爱不纯粹是一个温情的字眼，也是由爱统治一切的，因为每个人都靠别人来满足自己追求幸福的欲望，而这就是爱应当完成和实际从事的事情。同时，如果我在那里正确地预见到我的行动的后果，因而赌赢了，那么我就执行了费尔巴哈道德的一切最严格的要求，而且我还会成为富翁。换句话说，费尔巴哈的道德是完全适合于现代资本主义社会的，不管他自己多么不愿意或想不到是这样。<333>

　　＊　＊　＊　＊　＊

　　这两个阶级的对抗（导致）表现在激烈的竞争中——在工人中间为受雇而竞争，在资本家中间为市场而竞争。这种情况（引起阶级仇恨和阶级冲突）使民族分裂而不利于它，使它分成两个敌对的阵营并且破坏真正的独立、自由和幸福。<569, 570>

《马克思恩格斯全集》（第二十二卷）

在这里我们应当承认，马克思放过了一个运用出色的修辞手段的机会。在引言中引用了格莱斯顿的演说的那整个一节，目的是要证明，正是在财富获得这样令人陶醉的增长的时候，英国工人阶级中的绝大多数人却处于困苦和被凌辱的状况。如果把格莱斯顿先生所谓英国工人阶级处于历史上一切国家和时代没有先例的幸福状况的那些夸张之词，和从议会自己发表的官方公告中摘引下来的这些关于群众的贫困状况的材料放在一起，会形成多么鲜明的对比啊！<148>

* * * * *

但是格莱斯顿先生的这篇预算演说，马克思紧接在1863年演说之后就引证了它，而如果格莱斯顿先生自己已经在1864年4月7日宣布，他在1863年4月16日有"大量的无可置疑的证据"证明其存在的那种没有先例的幸福状况已经不存在了，那么马克思也就没有任何理由来引证这些兴高采烈的、但可惜对格莱斯顿先生说来也是过于短暂的论断。马克思可以以演讲人下面这样的自白为满足：虽然150英镑和150英镑以上的收入令人陶醉地增长了，穷人至少也不那么穷了，可是极贫和极富之间的鸿沟未必缩小。<149>

* * * * *

在纺织业中，456 646名棉纺工和织工，当美国内战正酣的时候，在（1862年10月）60%的纱锭和85%的织机停工，其余的每周只开工两三天，5万多棉纺织业工人（单身的和有家眷的）向社会慈善机构或救济委员会领取补助，而（1863年3月）136625人为不足糊口的一点钱从救济委员会那里获得公共工程或缝纫学校的工作的时候（瓦茨《棉荒实况》1866年版第211页），如果他们竟听说自己是无比幸福的，大概会大吃一惊！其余的纺织工人，尤其是毛纺和麻纺部门的工人，生活比较不错——由于棉花缺乏，他们的活增多了。[151]

* * * * *

至于谈到造纸业（10万工人，其中一半是女工）、陶器制造业（29000工人）、制帽业（仅英格兰一地就有15000工人）、玻璃制造业（15000工人）、印刷业（3500工人）、假花制造业（11000工人）等行业中的工人的"没有先例的"幸福，情况也并不更好一些。[152]

* * * * *

多么拙劣的诡辩！如果说工人阶级仍然"穷"，只是随着他们给有产阶级创造的"财富和实力的令人陶醉的增长"而变得"不那么穷"了，那也就是说，工人阶级相对地还是像原来一样穷。如果说穷的极端程度没有缩小，那么，穷的极端程度就增大了，因为富的极端程度已经增大。至于说到生活资料价格的降低，那么官方的统计材料，例如伦敦孤儿院的材料却表明，1860～1862年三年间的生活资料价格比1851～1853年三年间上涨了20%。在随后的三年中，即1863～1865年，肉类、油类、奶类、糖、盐、煤以及其他许多必要的生活资料的价格又继续上涨了。格莱斯顿在1864年4月7日所做的下一个预算演说，是一首对于敛钱事业的进步和因"贫穷"而减色的国民幸福的品德式的赞歌。他谈到处于"赤贫边缘"的群众，谈到"工资没有提高的"行业，最后，他用下面这样的话概括了工人阶级的幸福："人的生活十有八九都纯粹是为生存而挣扎"。[158]

* * * * *

德国的社会主义在1848年以前很久就产生了。起初它有两个独立的派别。一方面是纯粹工人运动，即法国工人共产主义的支流；这个运动产生了作为它的发展阶段之一的魏特林的空想共产主义。另一方面是由于黑格尔哲学的解体而产生的理论运动；在这一派中马克思的名字从一开始就占有统治地位。1848年1月出现的"共产主义宣言"标志着两个派别的融合，这个融合是在革命熔炉中完成和巩固起来的，在这革命的熔炉中，他们所有的人，不论工人还是过去的哲学家，都同样地为了共同的幸福而冒了生命的危险。<288>

* * * * *

我同你们一起为国际的3月18日的即将来临而干杯，这个日子将带来无产阶级的胜利，从而消灭阶级对抗和各民族之间的战争，并在各文明国家中实现和平和幸福。<519>

* * * * *

所有这一切都完全是以基督教之前的、犹太教的材料构成的，因而这里几乎全都是纯粹犹太教的观念。自从以色列人在这个世界上进入苦难时代，即从必须向亚述人和巴比伦人纳贡，以色列和犹太两王国被灭时起，一直到塞琉古的奴役，因而也就是从以赛亚到但以理，在每次灾难时期都有预言说教主将出现。在但以理书第十二章第一至三节里甚至有预言说，保佑犹太人的天使米迦勒将降临，他将救他们脱离大灾难；将有许多死者复活，一种可怕的审判将发生，而教人归义的教师将永远发光如星。属于基督教的只有一点，即特别强调基督的王国快要到来，复活了的信徒——主要是殉道者——是幸福快乐的。<545>

* * * * *

西西里岛的古代诗人忒俄克里托斯和莫斯赫曾经歌颂了他们同时代人——牧人奴隶的田园诗式的生活；毫无疑问，这是美丽的、富有诗意的幻想。但是能不能找到一个现代诗人，敢于歌颂今天西西里岛"自由"劳动者的田园诗式的生活呢？如果这个岛的农民能够在哪怕是罗马对分租佃制的沉重条件下耕种自己的小块土地，难道他们不会感到幸福吗？这就是资本主义制度所造成的结果：自由人在怀念过去的奴隶制！<557, 558>

《马克思恩格斯全集》（第二十三卷）

关于这个问题，《论手工业和商业》的作者却回答说：

"假如每周的第七天休息是上帝的安排，那就是说，其余六天属于劳动（下面我们就会看到，他的意思是说属于资本），所以强制实行上帝的这一命令，决不能说是残忍的行为…… 人一般说来天生是好逸恶劳的，我们从我国工场手工业工人的行为就不幸地体验到这一点。除非生活资料涨价，不然他们每周平均顶多干四天活…… 假定一蒲式耳小麦代表一个工人的全部生活资料，价格为五先令，工人一天挣一先令。这样，他一周只需要劳动五天，如果一蒲式耳小麦为四先令，他就只需要劳动四天…… 但是王国的工资比生活资料的价格高得多，因此工场手工业工人劳动四天，就可以有余钱维持一周其余几天的闲适生活…… 我希望，我说的这些已足以表明，一周进行六天适度的劳动并不是什么奴隶制。我国农业工人就是每周干六天活的，看来他们是工人（labouring poor）中最幸福的人；荷兰人在手工工场每周也是劳动这么多天，而且看来是一个很幸福的民族。法国人也是这样劳动，只要不是中间插了许多假日的话…… 但是我们的民众却有一种成见，好像他们作为英国人生来就有一种特权，应该比欧洲任何一国的（工人大众）都享有更大的自由和独立。这种思想使我们的士兵勇敢起来，就这点说，它可能有些好处；但是工场手工业工人受这种思想的影响越小，他们本身和国家得到的好处就越大。工人无论什么时候都不应当认为自己可以不依靠自己的上司而独立…… 在我们这样一个大概占总人口八分之七的人只有一点财产或没有财产的商业国家里，怂恿不良分子是非常危险的……只有我们的工业贫民情愿做六天工而依旧领取现在做四天工所得的工资，情况才能根本好转。<305, 306>

* * * * *

委员会说："如果议会全部接受我们的建议，那么毫无疑问，这样的立法不仅对同它直接有关的年幼和体弱的工人产生非常有益的影响，而且对直接（妇女）和间接（男子）地受立法约束的更大量的成年工人也会产生非常有益的影响。这种立法会迫使他们接受规则的和适度的劳动时间；它会节约和积蓄体力储备，而这同他们的个人幸福和国家幸福是息息相关的；它会保护正在发育的一代，使他们免于在幼年从事毁坏体质和引起早衰的过度紧张的劳动；最后，它还会为至少13岁以下的儿童提供接受初等教育的机会，从而结束那种难以置信的愚昧无知状态，这种状态在委员会的报告里曾得到如实的描写，使人看了不能不十分痛心，深感民族受到了侮辱。"<539>

* * * * *

另外，生产劳动的概念缩小了。资本主义生产不仅是商品的生产，它实质上是剩余价值的生产。工人不是为自己生产，而是为资本生产。因此，工人单是进行生产已经不够了。他必须生产剩余价值。只有为资本家生产剩余价值或者为资本的自行增殖服务的工人，才是生产工人。如果可以在物质生产领域以外举一个例子，那么，一个教员只有当他不仅训练孩子的头脑，而且还为校董的发财致富劳碌时，他才是生产工人。校董不把他的资本投入香肠工厂，而投入教育工厂，这并不能使事情有任何改变。因此，生产工人的概念绝不只包含活动和效果之间的关系，工人和劳动产品之间的关系，而且还包含一种特殊社会的、历史地产生的生产关系。这种生产关系把工人变成资本增值的直接手段。所以，成为生产工人不是一种幸福，而是一种不幸。在阐述理论史的本书第四卷将更详细地谈到，古典政治经济学一直把剩余价值的生产看作生产工人的决定性的特征。因此，由于古典政治经济学对剩余价值性质的看法的改变，它对生产工人所下的定义也就有所变化。例如，重农学派认为，只有农业劳动才是生产劳动，因为只有农业劳动才提供剩余价值。在重农学派看来，剩余价值只存在于地租形式中。<556>

* * * * *

同样，贝尔纳德·德·孟德维尔在18世纪初也曾说过：

"在财产有充分保障的地方，没有货币还比较容易生活，没有穷人就不行，不然谁去劳动呢……应当使工人免于挨饿，但不应当使他们拥有任何可供储蓄的东西。如果某处有一个属于最低阶级的人，想靠异常的勤劳和忍饥挨饿来摆脱自己生长起来的那种环境，那谁也不应当妨碍他，因为对社会上每一个人，每一个家庭来说，节俭无可否认是最聪明的办法；但是对一切富裕民族有利的是：绝大部分穷人永远不要无事可做，但要经常花光他们所收入的一切……每天劳动为生的人，只有贫困才能激励他们去工作，缓和这种贫困是明智的，想加以治疗则未免愚蠢。能使工人勤勉的唯一手段是适度的工资。工资过低会使工人依各自的气质或者变得垂头丧气，或者变得悲观绝望，工资过高则会使他们变得傲慢不逊、好逸恶劳……从以上的说明就可以知道，在不允许奴隶存在的自由民族中，最可靠的财富就是众多的勤劳贫民。没有他们，就不能有任何享乐，任何一个国家的产品都不可能被用来谋利，此外，他们还是补充海陆军的永不枯竭的源泉。要使社会（当然是非劳动者的社会）幸福，使人民满足于可怜的处境，就必须使大多数人既无知又贫困。知识会使我们产生更大和更多的愿望，而人的愿望越少，他的需要也就越容易满足。"<674, 675>

* * * * *

"这似乎是一个自然规律：穷人在一定程度上是轻率的（也就是说，他们是如此轻率，嘴里没有衔着金羹匙就降生到世界上来），所以，总是有一些人去担任社会上最卑微、最肮脏和最下贱的职务。于是，人类的幸福基金大大增加，比较高雅的人们解除了烦劳，可以不受干扰地从事比较高尚的职业……济贫法有一种趋势，就是要破坏上帝和自然在世界上所创立的这个制度的和谐与优美、均称与秩序。"<709>

* * * * *

英国的资本家中间流行着一种说法，认为比利时是工人的乐园，因为据说"劳动的自由"，其实也就是"资本的自由"，在那里既不受工联专制的侵犯，也不受工厂法的侵犯。因此，我在这里应谈一谈比利时工人的"幸福"。关于这种幸福的秘密，肯定再也没有人比已故的杜克佩西奥先生更为熟悉的了。杜克佩西奥先生是比利时监狱和慈善机构的总监，也是比利时中央统计委员会的委员。现在让我们来翻看一下他的《比利时劳动阶级的经济预算》（1855年布鲁塞尔版）。在这本书中，我们可以看到一个比利时的标准工人家庭，该书根据非常精确的材料算出了这个家庭每年的收支，然后又把它的营养状况同士兵、水兵和囚犯的营养状况做了比较。这个家庭有"父亲、母亲和四个孩子"。这六个人中"有四个人可以全年就业而有所收益"；假定"他们中间没有生病的和不能劳动的人"，他们"除了交纳为数极少的教堂座位费以外，在宗教、道德和精神需要方面没有什么开支"，他们不"在储蓄银行存款或交纳养老准备金"，没有"奢侈品的开支或其他的多余的开支"。只有父亲和大儿子抽点烟，星期天上个酒馆，这些总共每周花86生丁。[735, 736]

* * * * *

其实，在这个"资本家的乐园"里，只要最必要的生活资料的价格发生最微小的变动，就会引起死亡和犯罪数字的变动！（见《协会呼吁书：佛来米人，前进！》1860年布鲁塞尔版第12页）全比利时共有93万个家庭。据官方统计，其中富有的家庭（选民）9万户，共45万人；城乡下层中产阶级家庭39万户，共195万人，其中有相当大一部分正在不断地下降为无产阶级。最后，工人家庭45万户，共225万人，其中的一些模范家庭正在享受着杜克佩西奥所描写的那种幸福。在这45万户工人家庭中，列入贫民名册的竟达20万户以上！[737, 738]

* * * * *

谷物法的废除大大推动了英格兰的农业发展。修建巨大规模的排水工程，采用圈养牲畜和人工种植饲料的新方法，应用施肥机，采用处理黏土的新方法，更多地使用矿物质肥料，采用蒸汽机以及其他各种新式工作机等，总之，耕作更加集约化就是这一时期的特点。皇家农业学会主席皮由兹先生断言，由于采用新机器，相对的经营费用几乎减少了一半。另外，从土地上得到的实际收益也迅速增加了。每英亩土地投资的增加，因而租地农场的加速积聚，这是采用新方法的基本条件。同时，从1846年到1865年耕地面积约扩大了464 119英亩，东部各郡原为养兔场和贫瘠牧场而现在变成了富饶的庄稼地的大片土地尚未计算在内。我们已经知道，从事农业的总人数与此同时却减少了。就拿男女两性各种年龄的真正农业工人来说，他们的人数从1851年的1 241 269人减少到1861年的1 163 217人。因此，英国中央注册局局长有理由说："1801年以来租地农场主和农业工人数目的增加，同农产品的增长是极不相称的"。但是最近一个时期，这种不相称的情况更加严重了：一方面，耕地面积不断扩大，耕作更加集约化，投在土地及其耕作上的资本有了空前的积累，农产品获得了英格兰农业史上前所未有的增长，土地所有者的地租大大增加，资本主义租地农场主的财富日益膨胀；另一方面，农业工人人口却在绝对地减少。如果再加上城市销售市场的不断迅速扩大及自由贸易的统治地位，那么，农业工人在经过种种不幸之后终于被安排在理应令人陶醉的幸福环境中了。<742, 743>

* * * * *

朱利安·汉特医生在他关于农业工人的居住状况的划时代的报告中说："农仆（这是农奴制时期对农业劳动者的称呼）的生活费用固定在只够他活命的最低的数额上……他的工资和住房同从他身上榨取的利润相比，几乎不值一提。他在租地农场主的算盘上是个零……他的生存资料永远被看成是一个固定的量"。"至于谈到他的收入的任何进一步的减少，他会说，'我什么也没有，我什么也不操心'。他不担心将来，因为他除了生存所绝对必需的东西之外，一无所有。他降到了零点，也就是租地农场主打算盘的起点。由它去吧，幸福与不幸反正同他无关。"<744>

* * * * *

这就无怪报告起草人都异口同声地证明，阴郁的不满情绪笼罩着这个阶级的行列，他们留恋过去，厌恶现在，绝望于将来，"受到煽动者的有害影响"，并且只有一个固执的想法——移居美洲。请看，伟大的马尔萨斯的万应灵药——减少人口，已经把绿色艾林变成了多么幸福的乐土！

爱尔兰的工业工人又是过着怎样幸福的生活呢？举一个例子就可以说明。<777>

* * * * *

我们可以看出，1864年，三个谋利者从总利润4 368 610镑中只捞去262 819镑，而1865年，同是这三位大"禁欲家"就从总利润4 669 979镑中捞去274 528镑；1864年，26个谋利者得到646 377镑，1865年，28个谋利者得到736 448镑；1864年，121个谋利者得到1 076 912镑，1865年，150个谋利者得到1 320 906镑；1864年，1131个谋利者得到2 150 818镑，几乎占全年总利润的一半，1865年，1194个谋利者得到2 418 833镑，超过全年总利润的一半。可是，英格兰、苏格兰和爱尔兰的一小撮大地主从每年国民地租总额中吞掉的庞大数额是太惊人了，以致英国的治国明哲认为，关于地租的分配不宜于提出像利润分配这样的统计资料。达费林侯爵就是这些大地主中的一个。说地租和利润会在某个时候"过多"，或者说地租和利润的过多同人民的过于贫困有某种联系，这当然是既"不体面"又"不健全的"概念。侯爵依据的是事实。事实是，爱尔兰人口减少了，而爱尔兰的地租却增长了；人口减少对土地所有者"有利"，从而对土地以及仅仅是土地附属品的人民也"有利"。于是，侯爵宣告，爱尔兰的人口仍然过剩，人口外流仍然太慢。要想享有十足的幸福，爱尔兰至少还应该排出30多万工人。桑格拉都学派的医生见病人没有起色，就让放血，然后再放血，直到病人的血放完了，病也就没了。我们不要以为这位还很富有诗意的侯爵是个桑格拉都学派的医生。他只是要求再放30多万人的血而不是大约200万。但是事实上要想在艾林建立起千年王国，非得放出大约200万人的血不可。证据是不难提出的。[778]

* * * * *

他说："公众也许有必要考虑一下这个问题：如果一种工场手工业只有掠夺小屋和贫民习艺所中的贫苦儿童，并让他们成群结队地轮班劳动大半夜而得不到休息，才能顺利地经营下去，如果这种工场手工业把不同年龄和不同爱好的男女混杂在一起，以致通过实例的传染必然造成道德败坏，荒淫放荡——这样一种工场手工业难道能够增加国家和个人的幸福的总和吗？"[826]

《马克思恩格斯全集》（第二十四卷）

在19世纪20年代，在为无产阶级的利益而利用李嘉图的价值理论和剩余价值理论来反对资本主义生产，以及用资产阶级自己的武器来和资产阶级进行斗争的全部文献中，我们说到的这本小册子，不过是站在最前面的前哨。欧文的整个共产主义在进行经济学论战时，是以李嘉图为依据的。但除了李嘉图还有许多著作家，马克思1847年在反驳蒲鲁东时（《哲学的贫困》第49页22），只引用了其中几个，如艾德门兹、汤普逊、霍吉斯金等，而且"还可以写上四页"。从这许许多多的著作中我只随便举出汤普逊的一本著作——《最能促进人类幸福的财富分配原理的研究》（1850年伦敦新版）。该书写于1822年并于1824年第一次出版。在这本书里也到处都指出，非生产阶级所占有的财富，是对工人产品的扣除，而且措辞相当激烈。[18, 19]

* * * * *

正是这位热衷于通过种种资本主义尝试来提高工人阶级地位的心地善良的德鲁蒙德，在同一个报告中还谈到洛厄尔-劳伦斯公司的模范棉纺织厂。工厂女工的供膳宿舍和宿舍，属于拥有工厂的股份公司所有；这些宿舍的女管理员是为该股份公司服务的。股份公司制定了女工管理规则，任何女工均须在晚上十点以前回宿舍。但是这个制度的精华在于：公司所设的特别警察在附近巡逻，以防有人违反宿舍规则。晚上十点以后，任何女工都不准出入宿舍。任何女工都不准在股份公司所属地区以外的地方住宿。地区内的每一所房屋，每周给公司带来十美元左右的租金。现在，我们就来看一看这种合理消费者是何等幸福："在许多设备最好的女工宿舍里，都备有钢琴。在织机上连续劳动十小时的女工，与其说需要真正的休息，不如说需要调剂单调的生活，因此，至少在她们中间，音乐、唱歌和舞蹈起着重要的作用。" <583, 584>

《马克思恩格斯全集》（第二十五卷）

他要求"信用机关……控制一国生产的全部运动。"——"你们去办一个国家信用机关试试，让它贷款给那种没有财产但有才干和德行的人，但不是强制地把这些借款人在生产和消费中密切联系在一起，而是与此相反，使他们能够自己决定自己的交换和生产。你们用这种办法能够做到的事情，就只是现在私人银行已经做到的事情，即无政府状态，生产和消费之间的不平衡，一些人突然破产，另一些人突然发财；因此，你们设立的机关，只能是为一些人带来些许幸福，而使另一些人遭受同样多的苦难……你们只不过是使那些受你们的贷款支持的雇佣工人，有可能像他们的资本家雇主现在所做的一样互相竞争而已。"<688>

《马克思恩格斯全集》（第二十六卷）

把价值同自然物质混淆起来，或者确切些说，把两者等同起来的看法，以及这种看法同重农学派的整套见解的联系，在后面这段引文中表现得很清楚。这段引文摘自斐迪南多·帕奥累蒂的著作《谋求幸福社会的真正手段》（这部著作一部分是针对维里的，维里在他的《政治经济学研究》（1771）中曾经反对重农学派）。（托斯卡纳的帕奥累蒂所写的这部著作，见库斯托第出版的《意大利政治经济学名家文集》（现代部分）第20卷。）[35]

* * * * *

可是，不应当像后来的庸俗自由贸易论者那样，把这些重商主义者说得那么愚蠢。戴韦南特在他的《论公共收入和英国贸易》第二卷（1698年伦敦版）中曾说："金和银实际上是贸易的尺度，但各国人民贸易的源泉和起源，却是一国自然的产物或人工的产物，即一国的土地或该国人民的劳动和勤勉所生产的东西。的确，一个民族由于某种情况可能完全丧失各种货币，但是只要它人口众多，热爱劳动，精于贸易，擅长航海，有良好的港湾，有生产各种产品的土地，它就仍然能够进行贸易，并且在短时间内拥有大量金银。所以，一国真正的实际的财富是它本国的产物。"（第15页）"金和银远不是能够称为一国的财宝或财富的唯一物品，因而货币实际上不过是人们在交易上习惯使用的计算筹码。"（第16页）"我们所说的财富，是指能使君主及其人民富裕、幸福、安全的东西；同样，财宝是指为了人们的需要用金银换来转化成建筑物和土壤改良的东西；还指可以换成这些金属的其他物品，如土地的果实和工业的产物，或外国的商品和商船……甚至那些不耐久的物品也能看成是国家的财富，只要它们能够换成金银——哪怕它们还没有进行交换；并且我们认为，它们不仅在个人之间的关系上是财富，而且在一国和别国之间的关系上也是财富。"（第60、61页）"平民是国家身体中的胃。在西班牙，这个胃没有恰当地消受货币，没有消化货币……工商业是能够保障消化和分配金银的唯一手段，而这将供给国家身体以必要的营养物。"（第62、63页）[172, 173]

* * * * *

"随着文明的每一进步，劳动变得比较不繁重，而它的生产能力变大了；注定要从事生产和消费的各阶级的人数在减少，而管理劳动，安抚、宽慰和开导全体居民的各阶级的人数在增加，而且越来越多，他们占有因劳动费用少、商品丰富和消费品价格低廉而产生的全部利益。人类沿着这个方向正在升入……由于社会下层阶级的人数不断减少和上层阶级的人不断增加的这种趋势……市民社会会变得更幸福、更强大"等。（同上，第224页）"如果……在业工人人数是700万，那么他们的工资就是14亿法郎；但如果这14亿法郎……不能比500万工人得到的10亿法郎提供更多的纯产品，那么真正的节约，就在于停止向那些不提供任何纯产品的200万工人支付4亿法郎工资，而绝对不在于这200万工人能够从自己的4亿法郎工资中节约。"（第221页）[225]

* * * * *

"可见，奴役是产生社会的第一个原因，暴力是社会的第一个纽带。"（第302页）"他们（人们）关心的第一件事，无疑是获得自己的食物……关心的第二件事，就是想方设法不劳动而获得自己的食物。"（第307、308页）"他们只有占有别人劳动的果实，才能做到这一点。"（第308页）"最初的征服者们，只是为了不受惩罚地过游手好闲的生活，才实行统治；他们成为国王，只是为了拥有生存资料。这就使统治的观念……大大缩小和简化了。"（第309页）"社会由暴力产生，所有权由夺取产生。"（第347页）"主人和奴隶一出现，社会就形成了。"（第343页）"市民社会一开始就有两个柱石，一方面是大部分男子的奴隶地位，另一方面是全部女子的奴隶地位……社会靠四分之三的人口来保证少数有产者的幸福、财产、闲暇，社会关心的只是这少数人。"（第365页）[369]

* * * * *

"被迫靠某个人的施舍才获得生存资料的人们，只是在这个人由于从他们手里夺得财物而大大富裕起来，以致有可能把其中的一小部分归还给他们的时候才出现的。此人虚伪的慷慨，不过是把他占有的别人劳动果实的一部分归还给别人而已。"（第242页）"人们被迫耕种而自己得不到收获物，为了别人的幸福而牺牲自己的幸福，被迫进行无希望的劳动，这不就是奴隶制吗？人们被迫在鞭打下劳动，而回到畜栏只得到一点燕麦，奴隶制的真正历史不就是从这个时候开始的吗？只有在发达的社会中，生存资料对饥饿的贫民来说才是他们的自由的充分等价物；在发展初期的社会里，这样不平等的交换，在自由人看来是骇人听闻的事情。只有对战俘才能这样做。只有剥夺了他们享有任何财产的权利之后，才能使这样的交换对他们说来是必然的。"（第244、245页）[369, 370]

* * * * *

可是，在谷物自由输入的同样情况下："不可否认会有一定数量的资本损失掉。但是，拥有资本或保持资本是目的呢，还是手段？毫无疑问是手段。我们所需要的是商品的富足（一般财富），如果能证明，牺牲我们的资本的一部分，我们就可以增加用于使我们享乐和幸福的那些物品的年生产，那我们就不应当为我们的资本的一部分遭受损失而发牢骚。"（《论农业的保护关税》1822年伦敦第4版第60页）[133]

* * * * *

他说，工人"首先占社会的绝大部分。难道我们什么时候能够认为，这个整体的大部分的命运得到改善，是对这个整体不利的吗？如果社会的绝大部分成员都是贫困的和不幸的，毫无疑问，不能认为这个社会是幸福的和繁荣的。此外，单是从公道出发，也要求使那些供给整个国家吃穿住的人，在他们自己的劳动产品中享有这样一个份额，这一份额至少足够使他们自己获得可以过得去的食物、衣服和住房"。（第159、160页）[249]

——第十章 李嘉图和亚当·斯密的费用价格理论（批驳部分）第249页

* * * * *

这种说法绝对不是什么创见，而是亚当·斯密《国富论》第 1 卷第 5 章（加尔涅的法译本，第 1 卷第65、第66页）中下述论点的改写和进一步发挥：

"等量劳动，在任何时候和任何地方，对于完成这一劳动的工人必定具有相同的价值。在通常的健康、体力和精神状况下，在工人能够掌握通常的技能和技巧的条件下，他总要牺牲同样多的休息、自由和幸福。他所支付的价格总是不变的，不管他用这一价格换得的商品量有多少。诚然他用这个价格能买到的这些商品的量有时多有时少，但这里发生变化的是这些商品的价值，而不是购买商品的劳动的价值。在任何时候和任何地方，难于得到或者说要花费许多劳动才能得到的东西总是贵的，而容易得到或者说花费不多的劳动就能得到的东西总是便宜的。由此可见，劳动本身的价值永远不变，所以劳动是唯一真实的和最终的尺度，在任何时候和任何地方都可以用这个尺度来衡量和比较一切商品的价值。"[20]

* * * * *

这位"高深的哲学家"说："很清楚，不能所有的人都属于中等阶级。有上等阶级和下等阶级是绝对必要的（自然，没有两头就没有中间），而且有这两个阶级存在是非常有益的。如果在社会上人们不能指望上升，也不害怕下降，如果劳动没有奖赏，懒惰不受惩罚，人们就无法看到为改善自己的处境而表现出的那种勤奋和热情，而这是社会幸福的极重要的动力。"（同上，第112页）

——第十九章 托·罗·马尔萨斯（马尔萨斯著作的反动作用和剽窃性质。马尔萨斯为"上等"阶级和"下等"阶级的存在辩护）[62]

* * * * *

"人类进步，即不断地从科学和幸福的一个阶段过渡到另一个更高的阶段的能力，看来在很大程度上取决于这样的人所组成的阶级：他们是自己的时代的主人，也就是说，他们相当富有，根本不必为取得过比较安乐的生活的资财而操心。科学的领域就是由这个阶级的人来培植和扩大的；他们传播光明；他们的子女受良好的教育，被培养出来去从事最重要、最高雅的社会职务；他们成为立法者、法官、行政官员、教师、发明家、人类赖以扩大对自然力的控制的一切巨大和有益的工程的领导者。"（《政治经济学原理》，帕里佐的法译本，1823年巴黎版第65页）

——第二十章 李嘉图学派的解体[103]

* * * * *

政治经济学家们说，工人人数（从而现有工人人口的幸福或贫困）取决于现有的流动资本量，对于这种说法霍吉斯金正确地作了如下的评论："工人人数总是必须取决于流动资本的量，或者，照我的说法，取决于允许工人消费的并存劳动的产品的量。"（第20页）

——第二十一章 以李嘉图理论为依据反对政治经济学家的无产阶级反对派[325]

* * * * *

"政治经济学家们总是把资本和社会的一个阶级等同起来，把劳动和另一个阶级等同起来，虽然这两种力量都没有这种自然的联系，同样也不应当有这种人为的联系。政治经济学家们总是把事情说成这样：似乎工人的幸福甚至工人的生存本身，只有在工人用自己的劳动来维持资本家的奢侈和懒散生活的情况下才有可能。他们不愿让工人吃饭，直到工人生产出两份饭——一份为自身，另一份为他的老板，后者则是间接地即通过不平等交换得到自己的一份。"（第59、60页）

——第二十一章 以李嘉图理论为依据反对政治经济学家的无产阶级反对派[326, 327]

* * * * *

构成劳动价格的生活资料基金有时会减少，即使这种减少是短暂的、局部的，它也对工人造成极其有害的后果。促使某一社会的经济进步的情况大部分是偶然的，是不以生产资本家的意志为转移的。因此，这些原因的作用不是经常不变的……使工人的状况变得幸福或不幸福的，与其说是工人的绝对消费，不如说是工人的相对消费。如果工人无法获得的产品的数量以更大的比例增加了，如果把他和资本家隔开的距离只是增大了，如果他的社会地位变得更低和更不利了，那么，对他来说，能够获得一些他们这样的人以前无法获得的产品又有什么意义呢？除了维持体力所绝对必需的消费品以外，由我们消费的消费品的价值完全是相对的。

    ——第二十三章 舍尔比利埃（李嘉图和西斯蒙第的互相排斥的见解在舍尔比利埃著作中的折中主义的结合）[437]

    * * * * *

    随着社会的经济组织以及生产任务借以完成的因素和手段（丰富的或贫乏的）的变化，会发生大的政治的、社会的、道德的和精神的变化。这些变化发生在居民当中，必然对居民的各种政治要素和社会要素产生决定性的影响；这种影响将涉及国民的精神面貌、习惯、风俗、道德和幸福。（第45页）

    ——第二十四章 理查·琼斯[475]

《马克思恩格斯全集》（第二十七卷）

"只要人意识到……恶习和愚昧带来不幸等，而美德和智慧与此相反……则带来幸福，因此决定人的命运的力量是理智和意志……那时，自然对于人来说也就成为一个依赖理智和意志的实体。"

——恩格斯致马克思（1846年10月18日）[65]

* * * * *

这里的施特劳宾人对我掀起了可怕的叫嚣。特别是三四个"受过教育的"、曾经被艾韦贝克和格律恩传授了"真正人性"的奥秘的工人。但是我还是取得了胜利：由于耐心对待，再加上一点威胁，大多数人都跟我走了。格律恩已经拒绝了共产主义，而这些"受过教育的"家伙也非常想追随他。但是我直接投入战斗，把艾泽曼老家伙吓得再也没有露面，并且我直截了当地提出了赞成共产主义还是反对共产主义的问题让大家讨论。今天晚上就要表决：集会是共产主义的呢，还是像那些"受过教育的"人所说，是"为了人类的幸福"的。我有把握获得多数。我已宣布，如果他们不是共产主义者，那我同他们就没什么好说的，也不再来了。今天晚上格律恩的门徒们要被彻底击败，然后我将完全从头开始。

——恩格斯致马克思（1846年10月18日）[68]

* * * * *

我当时紧紧抓住了艾泽曼给我的把柄——对共产主义的攻击，尤其是因为格律恩在继续捣鬼，奔走于各个作坊之间，每个星期天都邀请人们到他家里去，如此等等，而在上面说过的那次会议以后的星期天他自己做了一桩天大的蠢事：当着八到十个施特劳宾人的面攻击了共产主义。因此，我宣布，在我继续参加讨论以前，必须先表决，我们在这里是不是以共产主义者的身份来集会的。如果是，那就必须注意不让像艾泽曼攻击共产主义那样的事情再度发生；如果不是，如果这里只是随便什么人在随便讨论某个问题，那我就不必和他们打交道，以后也不再来了。这使格律恩分子大为震惊，他们就辩解起来了，说他们是"为了人类的幸福"，为了自己弄清问题来这里集会的，他们都是进步的人，并不是片面的空谈家，等等，像这样正直的人无论如何是不能称为"随便什么人"的。此外，他们首先想要知道，共产主义究竟是什么（这些卑劣的家伙多年来都以共产主义者自命，自从格律恩和艾泽曼打着共产主义的招牌混到他们里面以后，他们仅仅因为害怕这两个人才放弃了这种称呼）。我自然没有因为他们盛情地请求我用三言两语对他们这些无知的人说明共产主义是什么而弄得措手不及。我当时给他们下了一个最简单的定义，这个定义恰好涉及目前争论的各点，它用财产公有排斥了对资产者和施特劳宾人采取和解、温情和尊敬的态度，最后也排斥了蒲鲁东的股份公司及其所保留的私人财产以及与此有关的一切。此外，这个定义中没有任何东西可以让他们作为借口来离题发挥和回避所提出的投票表决。这样，我把共产主义者的宗旨规定如下：① 维护同资产者利益相反的无产者的利益；② 用消灭私有制而代之以财产公有的手段来实现这一点；③ 除了进行暴力的民主的革命以外，不承认有实现这些目的的其他手段。

——恩格斯致布鲁塞尔共产主义通讯委员会（1846年10月23日）[70, 71]

* * * * *

我们常常给自己提出这样的问题（而回答这个问题是不容易的）：在煽惑者的身上什么东西更发达一些，是吹牛还是愚蠢？我们收到的从伦敦来的第四封信，使我们更难回答这个问题了。这些可怜虫在那里有多少啊！他们是这样迫切地渴望写作和看到他们的名字被登载在反动的报纸上，甚至甘心蒙受无穷的耻辱和自卑自贱。公众的嘲笑和愤慨同他们有何相干——只要《辩论日报》《国民议会报》《祖国报》刊载他们的作文练习就行了。为了得到这种幸福，这个世界主义的民主派付出任何代价都在所不惜……由于对写作的同情心，我们因此刊载了"公民"巴特尔米的下面这封信……这封信是一个新的、我们希望也是最后的证据，它证明著名的布朗基献词是真实的。他们起初全都否认这个献词的存在，而现在却为了争着确证这个献词的存在而互相辱骂以至厮打起来了。

——马克思致恩格斯（1851年3月17日）[238]

* * * * *

在这场阴谋中的一个喜剧性的插曲，就是《国民报》和《世纪报》的伤感的表现，谁都知道，这两家报纸曾在长时期中起劲鼓吹普选权。现在，当法国正面临着再度领受普选权幸福的危险时刻，它们却无法再掩藏自己的愤懑。正像保皇派希望靠有限选举权选出尚加尔涅一样，它们也希望用同样的选举权选出卡芬雅克。日拉丹直截了当地对它们说，他知道，它们对修改宪法——这给波拿巴带来再度当选希望——采取的共和主义的厌恶态度，只是用来掩盖他们对普选权的仇恨，因为普选权不能给卡芬雅克和他的全体党羽带来胜利。可怜的《国民报》已经用丧失普选权来自慰了。

——马克思致恩格斯（1851年10月19日）[387]

* * * * *

你和其他人都清楚地懂得，由于其他种种情况，如果我试图不带护照越过边境，那只会招来麻烦。奥迪先生也劝我不要这样做，因为我的侨居证书只适用于离开普鲁士，而不适用于返回普鲁士。因此，不管我多么遗憾，我也只好被迫留在这里，独自在内心里祝贺你的婚礼。但你可以相信，我将整天想念着你和艾米尔，在你们举行婚礼和旅行的时候，我的最良好的祝愿都将和你们在一起，尽管我不能当面表示这种祝愿。我最大的心愿是，既然爱情使你们结合在一起，使你们的关系变得如此美满、如此富有人情和十分高尚，我祝愿爱情伴随你们终身，帮助你们顺利地经受住命运的一切波折，增进你们的幸福。你们结婚，我从内心感到高兴，因为我知道，你们的共同生活将是幸福的，你们结合在一起之后，不会彼此感到失望。你可以相信，在向你们表示的许许多多的祝愿中，再没有比我的祝愿更真挚、更衷心和更热烈的了！你知道，在咱们兄弟姊妹中，我最喜欢、最信任的一直就是你——所以用不着我做冠冕堂皇的保证，用不着我说许多话，你就会相信我的。再一次祝愿你们恩爱不渝，还有许多的祝愿；究竟祝愿什么？——你自己会猜得着的。愿你们幸福！

我希望不久能收到布兰克夫人的来信，因为我料定布兰克夫人将同恩格斯小姐一样对我很关心。无论如何，我希望今年夏天，即在你们幸福的婚礼和幸福的旅行之后，能在奥斯坦德或英国见到你俩。而现在——再一次再见吧！

——恩格斯致尤·康培（1845年10月14日）<460, 461>

* * * * *

亲爱的朋友，请原谅我这样详尽地向您讲述了我们在这里的仅仅一天的生活。我知道这是失礼的，但是今天晚上我心潮翻滚，两手发颤，不得不把心里话都向我最好的最忠实的老朋友之一倾吐一次。您不要以为这些小事所造成的烦恼已把我压倒，我非常清楚地知道，在我们的斗争中我们绝对不是孤独的，而且我有幸是少数幸福者中的一个，因为我的身旁有我亲爱的丈夫，我的生命的支柱。真正使我痛苦万分，使我十分伤心的是，我的丈夫不得不经受这样多的琐屑的苦事，而本来只要很少的东西就可以帮助他；他心甘情愿地、愉快地帮助过很多的人，而在这里却得不到任何帮助。但是，前面已经说过，亲爱的魏德迈先生，您不要以为我们要向什么人提出要求。即使我们得到过什么人的接济，我的丈夫还是能够用他的财产加以偿还的。我的丈夫对于那些了解他的思想、得到过他的鼓励、受到过他的支持的人所能提出的唯一要求，就是在事业上为他的《评论》更多地出力，更多地关心《评论》。我能够骄傲而大胆地肯定这一点。这是他们应当为他做的一点小事情。我不知道，难道我的丈夫凭他的著作还没有资格拿十个银格罗申的报酬吗？我相信，没有人会因此受到损害。这就是我感到苦恼的事情。但我的丈夫却不以为然。在任何时候，甚至在最可怕的时刻，他从来不失去对未来的信心，仍然保持着极其乐观的幽默感，只要看到我很愉快和可爱的孩子们向妈妈撒娇，他就心满意足了。亲爱的魏德迈先生，我这样详尽地向您讲述我们的情况，他是不知道的，因此，请你别提起这封信里的事。他只知道我以他的名义请您尽快把钱收齐寄来。我相信您只会作为我们细心体贴的朋友来利用这封信。

——燕·马克思致约·魏德迈（1850年5月20日）<632, 633>

《马克思恩格斯全集》（第二十八卷）

　　俄国沙皇假手希腊教士们阴谋反对这个幸福的国家，而英国却一直让沙皇愚弄自己。英国应该支持土耳其，如此等等，一句话，全是些平淡无味的老生常谈。这本书整个是非常滑稽可笑的。但最有趣的是，与帕麦斯顿敌对的英国自由派的整个政策却以此为依据。例如，《每日新闻》上所有关于土耳其的肮脏行为的文章都纯粹是在重述乌尔卡尔特的话，乌尔卡尔特作为自由贸易派而享有绝对的信任，虽然他也责备英国人，说他们以其输入损害了特萨利亚的工业。但是，苏格兰高地人有点小毛病也算不了什么。

　　　　　　　　　　　　——恩格斯致马克思（1853年3月9日）[222]

　　* * * * *

　　我们的快活裁缝卢普夫现在进了疯人院。大约五个月前，这个不幸的人为了摆脱日常生活的困难，跟一个老太婆结了婚，变得特别规矩，戒了酒，并且像一匹马一样地干活。大约一个星期以前，他又喝酒了；前几天他把我叫去，告诉我，他找到了使整个世界幸福的办法，并要我当他的部长等。从昨天起他就在精神病院里了。这个家伙实在不幸。

　　　　　　　　　　　　——马克思致恩格斯（1853年6月14日）[268]

　　* * * * *

　　问候你，施特劳宾人兄弟，出身高贵、光荣、和平和幸福的人。

　　　　　　　　　　　　——马克思致恩格斯（1854年1月25日）[321]

　　* * * * *

没有家的人真是幸福（Beatusille），

没有家的人真是幸福（Beatusille）。

祝你健康，请勿相忘。

        ——马克思致恩格斯（1854年6月21日）^{<371>}

* * * * *

我们将尽力结束阶级斗争，它在最近几年中已对这个王国的幸福产生了如此有害的影响。

       ——马克思致约·魏德迈（1852年3月5日）^{<507（第28卷b）>}

* * * * *

祝世界的新公民幸福！没有比出世在当代更为美好的了。当人们只用七天就从伦敦到达加尔各答的时候，我们两人早就毁灭了，或者老态龙钟了。而澳大利亚、加利福尼亚和太平洋呢！世界的新公民们将不能理解，我们的世界曾经是多么小。

       ——马克思致约·魏德迈（1852年3月25日）^{<511>}

《马克思恩格斯全集》（第二十九卷）

《弗里德里希大帝的姊姊的回忆录》中的下面几段关于彼得的轶事，会使你开心。彼得和皇后曾在波茨坦拜会过她。

皇后先恭敬地吻王后的手，彼得想要拥抱王后，但被推回。然后她向王后介绍陪同他们的梅克伦堡公爵和公爵夫人以及她的侍从四百名所谓夫人。这些人多半都是当宫女、侍婢、厨娘和洗衣妇的德国女佣人。她们几乎每个人都抱着一个盛装的小孩，当问到这是不是她们的孩子时，她们便行一个俄罗斯的鞠躬礼，回答说："沙皇陛下赐我以幸福，使我有这个孩子。"王后不愿向这些妇女致意等。

——马克思致恩格斯（1856年2月12日）<14>

* * * * *

总之，我在打听到能否在纽约别的什么地方发表东西以前将避免公开的破裂。如果这事不成，而《论坛报》又不改变态度，自然还是必须破裂。但是我认为，在这样一场讨厌的斗争中，重要的是赢得时间。我觉得，《论坛报》认为，从美国形势的"大转变"时起它可以节省所有的号外（至少，欧洲的号外）。一个人不得不把能同这类小报为伍视为幸福，这实在令人作呕。像习艺所的赤贫者一样，把骨头捣碎，磨成粉，再煮成汤——这就是一个人在这种企业里完全注定要做的政治工作。我简直是头蠢驴，我不仅最近，而且多年来，为了几个钱而给这些家伙拿出的东西太多了。

——马克思致恩格斯（1857年1月23日）<97>

* * * * *

总之，首先，不被人用科斯特尔的眼睛看，而自己用科斯特尔的眼睛看的"人才是幸福的"。我和弗莱里格拉特曾详细地对科斯特尔本人讲过，由于肝病严重，我几乎整个夏天不能工作。至于我的"光辉的处境"，弗莱里格拉特和我都认为，用最光辉的图画去迷惑这个平凡的德国资产者而把一切阴暗面遮掩起来的做法，是适当的，因为我们俩都认为，哪怕这类比较好的资产者，如果了解到"亡命之徒"的真实生活条件，也一定会幸灾乐祸。以上说的是科斯特尔。

——马克思致斐拉萨尔（1858 年 11 月 12 日）<545>

* * * * *

前面的诗句，从"人们说"到"年纪老迈"，可以摆在后面，但是"一夜之间处女就变成妇人"这种回忆（虽然这指出玛丽亚不是仅仅知道纯粹抽象的恋爱），是完全多余的；无论如何玛丽亚以回忆自己"年老"来开始，是最不能容许的。在她说了她在"一个"钟头内所叙述的一切以后，她可以用关于她年老的一句话把她的情感一般地表现出来。还有，下面的几行中，"我认为这是权利"（幸福）这句话使我愤慨。为什么把玛丽亚所说的她迄今对于世界持有的天真看法斥为说谎，因而把它变成关于权利的说教呢？也许下次我将更详细地对你说明我的意见。

——恩格斯致爱·恩格斯（1859年 4 月20日）<574, 575>

* * * * *

还有一点也十分奇怪，既然他普遍地谈到了家庭关系，却只字不提我父亲第二次结婚一事，也不提起他的第二个母亲的名字，她是我父亲一生的幸福，而且她以那样的忠诚、爱和牺牲精神抚爱和照料不是她亲生的子女，这种感情连亲生子女也往往未必能享受到。他那样狡猾地不提及对他有妨碍的我的弟弟埃德加尔和我。但是这种情况对我来说是无所谓的，而且根本不会使我伤心，只要他不那样对待父亲和母亲，不那样缄口不谈他们——为此他必将自食其恶果。我很想知道，您对于他这本书的军事方面有什么看法。

——燕·马克思致恩格斯（1859年12月23日或24日）<642>

《马克思恩格斯全集》（第三十卷）

比斯康普前天结婚了——跟一个美国妓女。祝他幸福。

——马克思致恩格斯（1860年11月21日）[111]

* * * * *

现在祝贺你新年幸福！如果新的一年仍像旧年一样，那么我看最好还是让它见鬼去吧。

——马克思致恩格斯（1861年12月27日）[215]

来吧，德国的无产阶级！
来吧，不要再作无谓的奔忙！
有一个人愿为你们开辟幸福之路，
你们只需为行动待命整装！
他不侧身于崇高的议会，
也不以雄辩的口才逞强；
人民的儿子，斐迪南·拉萨尔！
为民喉舌，言语明晰，朴素大方！

——马克思致恩格斯（1863年5月29日）[347]

* * * * *

好了，逗趣得够了。说实在的，我一想到很快又能看到你和在博默耳的全家人，就感到非常幸福。代我向你的"情敌"问好，请告诉她，最深厚的感情是最难以用言语表达的。她正是应该这样来理解我的沉默，理解我直到现在还保持着的尊敬的沉默。

——马克思致南·菲力浦斯（1861年4月13日）^{<591>}

＊ ＊ ＊ ＊ ＊

这样迟才给你写信，可绝对不是由于健忘。正好相反。每天我都去瞻仰威斯特华伦家的旧居（在罗马人大街），它比所有的罗马古迹都更吸引我，因为它使我回忆起最幸福的青年时代，它曾收藏过我最珍贵的珍宝。此外，每天到处总有人向我问起从前"特利尔最美丽的姑娘"和"舞会上的皇后"。做丈夫的知道他的妻子在全城人的心目中仍然是个"迷人的公主"，真有说不出的惬意。

——马克思致燕·马克思（1863年12月15日）^{<640>}

＊ ＊ ＊ ＊ ＊

现在，亲爱的表舅，再见吧！尽管我生了痈和疖子，但是我认为在你家里度过的两个月是我一生中最幸福的一个片断，我将永远感激你们对我的一片心意。

——马克思致莱·菲力浦斯（1864年2月20日）^{<646>}

＊ ＊ ＊ ＊ ＊

我给您写了那么多叫人伤感的信，现在想告诉您一些好消息。首先，大家觉得琳蘅有救了。医生对她的病状十分满意，认为恢复健康大有希望。令人担心地说呓语、唱、哭和不安的动作等，都已经大大减少，她甚至已经能吃羊肉排了。多亏您的帮助，我才能够给她安排一切舒适的东西——经常保持温暖的房间、葡萄酒、甚至像花露水这样的奢侈品，花露水对于这种病，特别是在时常昏迷不醒的情况下很起作用。除了这个好消息外，我还必须告诉您一件也使您高兴的事，就是摩尔终于来信了。从星期日起，他在柏林，住在拉萨尔那里，拉萨尔待他很热情。在一次宴会上，他坐在巴比伦女人（已故的维尔特的用语）和极丑的柳德米拉之间。祝他幸福！别的他没详谈，因为当时他要赶快给我汇五十塔勒。他只写道，前景很好，他将带着肯定的成果回家。我担心的只是，他一时回不了家。

——燕·马克思致恩格斯（1861年4月初）^{<676>}

《马克思恩格斯全集》（第三十一卷）

亲爱的朋友，在所有这一切情况下比任何时候更感觉到，我们之间存在的这种友谊是何等的幸福。你要知道，我对任何关系都没有作过这么高的评价。

——马克思致恩格斯（1866年2月20日）[185]

* * * * *

克里默先生为第一个会议做了一切准备，要把埃卡留斯撤掉，若是我不出席，就会发生这种情况。但是会议的结果只是克里默先生"自愿"退出编辑部。这件事后来怎样，我不知道，因为一切只是"暂时地"决定下来，在一星期内有效，股东大会延期到3月19日举行。但是在这里，"有产者是幸福的"这句话看来也是对的，而这次会议的结果，有产者正是埃卡留斯。

——马克思致恩格斯（1866年3月16日）[195]

* * * * *

我急忙写这几行，希望寄到汉诺威时你还能收到它。事情不容延缓。老拉法格邀请我的三个女儿到波尔多（她们明天同书记一起动身）；她们从那里将同老拉法格夫妇一起去海滨浴场。我不能拒绝这一邀请，因为从这三个女儿目前的健康状况来说，这是一种真正的幸福。但是让西班牙书记支付旅费是不体面的。因此我必须交给他大约30英镑（往返的旅费）。还有她们的表、衣服等要从当铺赎回。这样，我留着8月3日付房租的45英镑便用光了（用我的名义开的期票）。

——马克思致恩格斯（1866年7月20日）[324]

* * * * *

把附上的信给妈看看。她一定记得从巴黎来的博胡姆-多尔夫斯。他现在已是十个孩子的幸福的爸爸，和孩子们一起在人间"游荡"。

——马克思致约·巴·施韦泽（1865年1月16日）[448]

* * * * *

祝您新年幸福并衷心感谢您的友好的来信。

——马克思致路德·库格曼（1866年1月15日）[497]

* * * * *

那么，我为什么不给您回信呢？因为我一直在坟墓的边缘徘徊。因此，我不得不利用我还能工作的每时每刻来完成我的著作，为了它，我已经牺牲了我的健康、幸福和家庭。我希望，这样解释就够了。我嘲笑那些所谓"实际的"人和他们的聪明。如果一个人愿意变成一头牛，那他当然可以不管人类的痛苦，而只顾自己身上的皮。但是，如果我没有全部完成我的这部书（至少是写成草稿）就死去的话，我的确会认为自己是不实际的。

——马克思致齐·迈耶尔（1867年4月30日）[543，544]

* * * * *

您对幸福的理解……斗争。

——卡尔·马克思自白（1865年4月1日）[588]

* * * * *

我的可怜的丈夫因十分痛苦的和危险的老毛病复发而卧床已有一个月了。在这些日子里，我们全家都很担惊受怕，惶惶不安，这些都用不着向您多说了。正是在1月初，他就开始整理自己的书的全部稿件以便付印，誊写工作进展得非常快，因此抄稿的数量大大增加了。卡尔感觉很好，也很幸福，因为已经做了这样多的工作，可是，却突然长了一个痛，不久又接着长了两个。最后一个非常疼痛，而且拖了很久，特别妨碍着他的行走和一切行动。今天早上，血出得多一些，而病势却稍有减轻。我们用砒剂来治疗已经两天了，卡尔希望这种疗法会有好的效果。书的最后完工再次推迟，这对他说来简直是要命，每天夜里他说梦话都说到个别章节，对这些章节总是念念不忘。今天早上，当我把您的信交给他的时候，他正躺在床上。他对您的友好来信感到很高兴，并托我立即以他的名义向您表示衷心感谢。此外，目前在争论关于即将举行的国际协会代表大会的问题和讨论关于新的工人周报的方针和编辑部人选问题时，他的参加就更有必要了；这个报纸现在已用《共和国》的名称在这里出版，它代表了不久以前成立的工人政党和合作社联社，同时也代表了国际协会。对所有这些事情的操心，自然使他的整个健康状况大大恶化了。我们希望，到春天，他的健康就能恢复，可以去探望他在德国的朋友们。他对这种会见是感到十分高兴的。

——燕·马克思致路·库格曼（1866年4月1日）[592, 593]

《马克思恩格斯全集》（第三十二卷）

小燕妮得到了自己的"钱"。这个可爱的孩子由于自己能"独立挣钱"感到十分幸福。

——马克思致恩格斯（1869年7月29日）[332]

* * * * *

描写田园生活的戏剧——展现在庸人面前的家庭幸福——确实令人神往。真不知道是什么更令人惊异是语言和诗句（只不过穿插着酒鬼卡尔·倍克的一些含混不清的胡言乱语）的庸俗，还是这个家庭容许把这类东西作为"给友人的手稿"刊印出来（从而使它向仇人公开）的不合常理的行为。可是，高贵的弗莱里格拉特怎么会容许把温柔的瓦勒斯罗德讲的一些大胆的话发表出来，如说诗人弗莱里格拉特（用乞讨的办法44）也得到某些尘世的福利，这一点我不十分明白。我倒想看看这家人在听到这些话时的面部表情。

——恩格斯致马克思（1869年11月17日）[370]

* * * * *

我星期四中午回到这里，在巴门时，酒席不断，我把胃都吃坏了。那里的人，即那些小市民们太幸运了。要知道，战争的危险现在终于消除，路易—拿破仑明智的让步再一次出色地显示出他才智过人。俾斯麦又大显身手，信誉正在挽回，商业势必繁荣兴旺，因此，1870年必定是德国庸人最幸福的一年。这些人怎么会一年比一年变蠢，我不理解。

——恩格斯致马克思（1870年1月9日）[408]

*　*　*　*　*

从你和你丈夫（原谅我用这样的"措辞"，因为波克罕的"作品"还不时地在我耳边嗡嗡作响）的来信，我高兴地知道，你们的蜜月旅行过得幸福愉快，一切外界条件——春色、阳光、空气和巴黎的娱乐——都有利于你们。至于上述这位丈夫，他在这种关键时刻给我寄来了书籍，这比任何语言都雄辩地证明，这个"年轻人"生性善良。这个简单的事实已经证明，他属于一个比欧洲人种更好的人种。顺便提一下，既然我们已经谈到了书籍问题，你就到吉洛曼公司（黎塞留街14号）去一趟，买一些该公司出版的1866～1868年图书通报（经济方面的）。你还可以去一下"国际书店"（蒙马特尔林荫路15号），向他们要一些目录（1865～1868年）。当然，如果你搞到了这些东西，可不必寄来，等你返回这个无聊的地方时随身带来就行了。

——马克思致劳·拉法格和保尔·拉法格（1868年4月11日）[532]

*　*　*　*　*

我刚刚从妈妈那儿得到了一个不幸的消息，我们亲爱的玛丽亚·巴泰尔斯星期一晚上因患猩红热去世了。这个消息使我大为吃惊和深受震动。和你所有的孩子一样，我是看着她从小长大的，对她比对我的其他弟弟妹妹的孩子都更为亲近，所以我对她的感情也就更为真切和热烈；我最后一次见到她是在她结婚的时候，那时她是特别幸福的，在她前面展现着许许多多幸福的岁月；而现在这一切都完了！你和玛丽亚的心情，可怜的罗伯特和他的两个小孩子的心情该多么沉重！二十多年来你和玛丽亚一直是幸福的。你们很少体验生活的悲剧方面，因此你们对这样的晴天霹雳似的打击一定会感到特别沉重。在这种情况下任何安慰的话都无济于事，只有像孩子那样地哭泣，直到时间把创伤治好为止。我给你写信也不是为了安慰你，而只是因为我知道，一个人有权利期望得到的那些人的同情，是会对他起良好作用的。请相信，我是衷心地对你表示这种同情的。

——恩格斯致艾米尔·布兰克[575, 576]

* * * * *

星期五晚上我在比斯利家吃饭。在场的除我外还有克伦普顿律师、荣克和杜邦。荣克讲了一通自己的功劳。他讲到，他在一些地方作了什么样的"成功的（原话如此）演说"，在另一些地方说了什么样的"俏皮话"。在这个充满"世界性悲伤"、不满和烦扰的世界上，当你遇到一个人很"幸福"，他不仅有一件衬衫，而且还有一个女人及其他好东西的时候，是会不由自主地感到高兴的。

——马克思致爱·马克思（1869年4月26日）[590]

* * * * *

写这封信的目的首先是请您帮帮忙。您大概知道，一部分英国资产阶级组织了一个土地同盟之类的组织来同工人的土地和劳动同盟相对抗。这些资产者的表面目的，是要把英国的土地所有制变成小块土地所有制，并且为了人民的更大幸福而制造农民。他们的真正目的是向土地贵族进攻。他们想把土地投到自由流通中去，从而使土地从大地主手里转到资本家手里。为此目的，他们发表了题为《科布顿评论》的一批通俗论文，用最美妙的色彩来描绘小所有制。他们津津乐道的是比利时（特别是佛来米人）。好像这个国家的农民生活在天堂里。他们同拉弗勒先生建立了联系，拉弗勒为他们的高谈阔论提供事实。因此，既然我在《资本论》第二卷中研究土地所有权问题，我认为在这一卷中比较详细地论述一下比利时土地所有权的结构和比利时的农业是有益的。可否劳驾您把我应当熟悉的有关这个问题的基本著作书目告诉我。

——马克思致塞扎尔·德·巴普[629, 630]

* * * * *

当然，我在这里给你们谈的只是我们的行动计划，不想让你们现在就对这个计划寄予很大的希望，因为很清楚，我们无论如何不能支配别人的钱。我绝对不想让合作社依据这些最早也要在好几个月以后才能实现、也许根本不能实现的设想来开展业务，因为这种业务会使合作社的资金滞结，使企业陷入困境。我只能允诺，我们在这件事上将做到我们力所能及的一切。最后衷心祝愿合作社获得成功和它的所有成员幸福。

——恩格斯致卡·克莱因和弗里希·莫尔（1870年2月8日）[635]

＊　＊　＊　＊　＊

恩格斯打算离开曼彻斯特，于今年8月初定居伦敦。这对我将是很大的幸福。

　　　　——马克思致劳·拉法格和保·拉法格（1870年3月5日）<646>

＊　＊　＊　＊　＊

您对幸福的理解……饮1848年的沙托-马尔高酒

　　　　——弗·恩格斯自白（1868年4月初）<682>

＊　＊　＊　＊　＊

尽管如此，我还是祝您1869年幸福！但愿这一年和以往的年代一样！热情问候施泰因塔耳夫人和海德曼先生！

　　　　——阿·卢格致施泰因塔耳（1869年1月25日）<684>

＊　＊　＊　＊　＊

摩尔也给她写了一封短信。他身体好多了，在汉诺威时折磨他的痛苦的咳嗽总算差不多好了。他衷心问候您并请您原谅他不给您写信，因为他正在忙着读一本论述俄国农民状况的书（刚刚用俄文出版的，他读起来很吃力）。从这本书看来，俄国农民的状况恰好和富于想象的凯里所描绘的相反，丝毫不值得羡慕。"俄国没有幸福"。这本书出版得正是时候，它很重要。摩尔要在他的第二卷Ⅱ里公布这本书中的事实。

　　　　——燕妮·马克思（女儿）致路·库格曼（1869年10月30日）<688>

《马克思恩格斯全集》（第三十三卷）

你们家里现在因龙格的事充满了一片欢乐，如果说在你订婚时，曾对你那情意绵绵的目光开过一些颇不俏皮的玩笑，那你现在完全可以进行报复了，因为燕妮在这方面是表现得很充分的。总之，这件事很合她的心意，她很幸福、快乐，而且身体也感到好多了。龙格是个很好的同志。杜西对这件事也很满意，看来，她似乎不反对步她的后尘。后天龙格将在你们家里露一手：他要烧一盘诺曼底式比目鱼，这是他的家乡菜；我们也接到邀请，有趣的是我的妻子对此将会多么喜欢。他上次表演的焖牛肉，并不很成功。

——恩格斯致劳·拉法格（1872年3月11日）^{<428>}

* * * * *

但是，让我们互相握手吧（我多么希望我们能真的这么做啊），因为新年将至，不宜争吵。在新年前夕我热烈祝愿你们大家身体健康和幸福，最主要的是希望在这一年里我们能见到你们。由于我们一家不能冒险到大陆去，所以不能指望我们到德国去看望你们，无论如何你们应当到我们这里来，因为我要预先告诉你们：如果你们不准备在来年春天或夏天到伦敦来，那你们就不可能在这里见到我们了，原因是英国政府正在采取秘密措施，实施一项关于驱逐公社社员和国际会员的法案。迁往《北方人之歌》的国家，这个前景对我们并没有多大吸引力。算了，还是得过且过吧！

——燕·马克思（女儿）致路·库格曼（1871年12月21—22日）^{<671>}

* * * * *

再一次代全家人祝你们幸福，并请代我热情地吻亲爱的小弗兰契斯卡，等我再见到她的时候（希望在来年夏天），她大概已经是完全成年的年轻女士了。

　　——燕·马克思（女儿）致路·库格曼（1871年12月21—22日）[671]

* * * * *

总之，您已听说燕妮订婚的事了。龙格是个很有才华的、很好的、可爱而又正派的人，这一对年轻人观点和信仰都一致，我认为这是他们未来幸福的保证。另外，对于这个结合，我毕竟不能不有所担心，老实说，我本来希望燕妮（为了变换一下）选择一个英国人或者德国人，而不要选择法国人，自然法国人有其民族素有的各种可爱的品质，但也有其弱点和缺陷。他目前在牛津教课，希望这样能有助于他建立一些较好的关系。您自己很清楚，私人教课是很不可靠的，而且我不能不担心，燕妮作为政治活动家的妻子，也会遭到那种与此分不开的操心和痛苦的命运。这一切只在我们之间说说。我知道，您会严格保密的。能够向可靠的老朋友倾诉自己的忧虑，使我感到非常愉快。

　　——燕·马克思致威·李卜克内西（1872年5月26日）[684]

《马克思恩格斯全集》（第三十四卷）

　　我早就想写信给你，但长时间的便秘使我失去了一切积极性，我总是一旅行就便秘，而且在第一个星期饮用矿水之后便加剧。这里几乎没有什么可写的。这是真正的田园生活；而且由于天气不太好（然而，这里即使在下雨和有暴风雨时，空气也总是非常好的），也许是由于长期的营业危机，游览的人数已从三千减少到一千七八百。幸福的阿尔河谷！这里还没有铁路；不过，已经测量了，它面临着明年从雷马根到阿尔魏勒的铁路动工修建的威胁，但是铁路不会从阿尔魏勒沿着阿尔河谷伸延下去，而是往左，往特利尔伸延下去。

　　　　　　　　　　　　　——马克思致恩格斯（1877年8月17日）[69]

　　＊　＊　＊　＊　＊

　　1848年的事件也许本应带来和平生活的一切幸福，如果各国政府满足了时代的要求的话；但由于各国政府没有这样做，因而，很遗憾，除了暴力革命的道路以外，没有其他道路可走。

　　　　　　　　　　　　　——马克思致某人（1879年12月11日）[406]

　　＊　＊　＊　＊　＊

　　他说："我最幸福的时光，是在英国度过的那段时期"，上帝知道，当时他在这里的生活远非天堂。"我常常带着惋惜的心情怀念那段生活。但是无情的命运把我带回了德国，从此它就支配着我，而且将追逐着我直至终生。当我听到大赦的消息时，我首先想到的就是你们大家，我仿佛已经看见你们乘着小船，在波涛汹涌的海洋——巴黎——上没有希望地、无止境地漂荡。但是，在劫难逃。"对此，我说了一句——阿门。不管我们怎样想要自己确定自己的目标，但是支配着我们生活的却是天意（或者不如说是命运）！

　　　　　　　　　——燕·龙格致沙·龙格（1880年10月 1 日）[473]

《马克思恩格斯全集》（第三十五卷）

16日（星期天）斯蒂凡医生来了；他用叩诊检查后，说："胸膜炎"的痕迹（指"复发"）再也没有了；相反地，他说，他对支气管的状况感到不如上次检查时那样满意（也是左侧）。尽管如此，他还是用了很大的精力来给我"文身"（星期天即4月16日午饭后的全部时间和直到星期一清晨前的整整一夜，我感到非常难受，真佩服他的精力）——话又说回来，斯蒂凡医生完全同意我的看法，支气管炎和这里的天气有密切联系；在这种情况下，在阿尔及尔继续待下去可能产生不良影响。他认为，如果不发生什么料想不到的情况，譬如说这里的天气显著好转，或者我的健康状况恶化（这种可能性很小），那就可以让我带着诊断书于4月底离开。所以，我可能乘坐来阿尔及尔时坐过的、船长还是那个马塞（一个很漂亮的青年人）的那艘"赛义德"号，于5月2日回到马赛，然后从那里前往卡恩、尼斯或门顿去寻求幸福。因此不要再从伦敦给我寄任何信件或报纸，除非在收到这封信之后马上就投寄。如果在这期间，上述决定有什么改变，我将立即从这里给你们写信。

——马克思致恩格斯（1882年4月18日）^{〈54〉}

* * * * *

我本以为能把大约自上星期以来的进展情况告诉你的。但是我刚一来到，更确切地说是在我来到后的第二天，气温就降低了。这样一来，就如杜尔朗医生和他的朋友恩吉安的医生说的那样，天气目前还不允许我开始用硫矿泉水进行治疗。按我过去的状况，在吸烟的幸福时期，这种天气对我来说可真是好极了！尽管天空相当经常地被云遮盖着，不时下雨，刮风，与其说像夏天，不如说像深秋，然而对于一个健康人来说这仍然是很舒服的天气！

——马克思致恩格斯（1882年6月15日）[68, 69]

* * * * *

今天（3月27日）收到了你的信。你知道，当我每次得到你的音信的时候，我是多么幸福。我的信没有向你隐瞒过最坏的事情，因此，你也完全可以相信，我说自从我给你写了上一封信以来，我的健康状况不断好转，这完全是实话。失眠（原来这个病最糟糕）好了，食欲恢复了，咳嗽再没有大发作，相反地，已大大减轻。不言而喻，因为斑蝥膏有强烈的作用，每星期只能上一次，所以左侧胸膜（肺组织本身还根本没有伤及）的疗程还需要一些时间。当然，天气极不稳定，时常突然变化，有暴风、酷热、严寒和雨，实际上，好的时刻只是罕见的现象；要有稳定的，与季节相称的，暖和的和"干燥的"天气，那只是梦想。例如，昨天我们还以为决定性的转变来了，——天气非常好，我还去散了散步——但是今天天空晦暗阴沉（带有黑色），大雨倾盆，狂风怒号。这里的人们已经厌倦到了极点，因为很明显，这样的天气从12月份（包括12月在内）以来对于阿尔及尔来说就是完全不正常的。而问题就在于，本来应当预先弄清这种情况，而不应碰运气地做这样的旅行。

——马克思致燕·龙格（1882年3月27日）[288]

* * * * *

如果我能回到我外孙们和他们好妈妈的身边，我该多么幸福啊！我根本不愿意在这里待得比医生认为绝对必需的时间更长些。

——马克思致燕·龙格（1882年4月6、7日）[294]

* * * * *

每当我收到你的信的时候，我总是感到幸福，虽然我觉得过意不去，因为你的老尼克剥夺了你的一部分晚上休息时间。

——马克思致燕·龙格（1882年5月26日）[319]

* * * * *

琼尼很快活，并且一般说来是"幸福"的，虽然常常令人感动地谈到自己的妈妈和哈利。在杜西的指导下，他现在又习惯于每天早上用"冷水"从头到脚冲洗了。他的"健康"是再好不过的了。按时早睡（晚八点），这对他也是有益的。他的学识已达到这样的高度：已经能认"大写字母"以及钟表上的大罗马数字。

——马克思致劳·拉法格（1882年10月9日）^{<368>}

*　*　*　*　*

彭普斯一家过得很好，他们已在自己的新房子里住了两星期或将近两星期，但是因为现款不够，房子还没有完全陈设好家具。小家伙曾患胸脓肿，不过正在好转。查理和贝万小姐已经结婚三星期了；从他们获得幸福结局以后我还没有见过他们。

——恩格斯致劳·拉法格（1882年10月21日）^{<374>}

《马克思恩格斯全集》（第三十六卷）

至于我们的两位蒙难者，他们似乎很幸福，很满意，甚至怕格雷维7月14日要解除他们那种怡然自得的监狱生活。对路易丝·米歇尔的判决多妙啊！十分幸运，谁也不知道两三年以后谁来统治法国。只要往亚历山大三世脚下扔一个炸弹就够了，除爱尔兰以外，欧洲和西洲的所有监狱之门就会立即完全敞开。

——致弗·阿·左尔格（1883年6月29日）^{〈45〉}

* * * * *

我们是上星期五回来的。彭普斯和派尔希在这里一直住到星期日，因为他们的屋子还没有收拾好——在这段时间里，伦敦有几个地区下了大雷雨，暴雨把他们的客厅都淹了。别的方面，他们都很顺利幸福。小孩子长得特别好，昨天满五个月，按照他的月数来说是很机灵的。

——致劳·拉法格（1883年9月19日）^{〈65〉}

* * * * *

杜西和爱德华已去度第一个蜜月，大概还没有回来；从下星期四起又该度大蜜月了。当然，尼姆、肖利迈和我很久以来就完全明白了这是怎么一回事，觉得这两个小傻瓜真好笑，他们总是以为我们看不出来，临到关键时刻还不免有些畏缩。但我们很快使他们解除了顾虑。其实，如果杜西在迈出这一步之前征求一下我的意见，我会认为我有责任给她详细地讲一讲他们这一步的各种可能的和不可避免的后果。但是既然一切已经决定了,那么,他们最好是马上把它公开,免得这个秘密被人利用。我们大家知道了这件事,我感到很高兴,其原因之一就在于此,因为如果有什么聪明人发现了秘密,来告诉我们这个了不起的消息,那我们就有了准备。杜西和爱德华看来现在是幸福的,希望他们今后也会如此。我很喜欢爱德华,并且认为,他除了经常同文教界人士来往以外,如能更多地接触一些其他的人,对他会有好处;他的学问根底很厚,他在命运把他抛进去的这一群极其浅薄的人当中,感到合不来。

——致劳·拉法格(1884年7月22日)[183]

* * * * *

亲爱的绿蒂,你一生中永远也无法返回的那个时期已经结束,一段人生的幸福已经失去,它一去不复返了。我知道,在这个时刻你一定会觉得世界是多么的寂寞和空虚,我也知道,在你心灵深处,想立刻同你的艾米尔长眠在一起。这是很自然的,这是每个为心爱的丈夫守灵的人都会有的心愿。但是,回想一下,我母亲也有过同样的经历。她有41年是幸福的,后来孀居。要知道,妇女爱自己的丈夫,超过我母亲爱我父亲的并不多。可是她毕竟在自己的子女中找到了慰藉,在我们这些儿孙中间又度过了14年,这至少不能说是不幸福的。她当时比你现在的岁数大,她的所有子女都已长大成人,并且有了生活保障,而你还得对你的几个孩子尽到只有母亲才能尽到的责任,尤其是现在他们失去父亲以后,这种责任就更加重大了。

——致夏·恩格斯(1884年12月1日)[247]

* * * * *

其次,由于从事家庭工业的工人通常都经营自己的一小块土地,这就使得有可能把他们的工资压得比其他任何地方都低。农业和工业的结合,从前是平民的幸福,现在却成了资本主义剥削的最有力的工具。一畦马铃薯、一头母牛、一小块耕地,就能使工人以低于自己劳动力的价格出卖劳动力;其所以不得不这样做,是因为工人被束缚在一小块土地上,而这块土地又只能使他维持部分生活。因此,我们的工业之所以有能力输出,是由于它在大多数情况下把全部剩余价值赠送给买主,而资本家的利润则

是靠压低正常工资取得的。在任何农村家庭工业中，都不同程度地存在着
这种情况，但是，在任何地方都不像我国这样突出。

    ——致奥·倍倍尔（1884年12月11—12日）^{251，252}

《马克思恩格斯全集》（第三十七卷）

  您说，谈不上是卡尔的过错。好吧，在这方面，您是最高的裁判。但是这并不能使我们有权对您采取不公正的态度。您说，按照你们的性格，离婚是唯一正确的出路。但是，如果你们的性格确实不能和睦相处，那么我们本来也应当发觉这一点并且早就会预料到离婚是一种自然的不可避免的事情。就假定性格确实合不来吧。卡尔同您结合，是同你们双方的家庭做斗争为代价赢得的，他知道，您为他付出了什么牺牲。据我们知道，他同您幸福地生活了五年。在这种情况下，任何暂时的不和睦（按照您自己的说法），都不应当使他昏头昏脑。即使新的、突然迸发的激情，促使他采取这种极端的步骤，他也不应当过分匆忙地这样做，首先应当避免露出一丝一毫的迹象，表明他这样做是受那些不愿意他同您结合而且也许对您是他的妻子这一点至今还不谅解的人的影响。

——致路·考茨基（1888年10月11日）^{〈98〉}

  * * * * *

  确实，我希望新的报纸能够出版。我们必须如实估计形势并最好地利用形势。当保尔再来办报时，他将奋勇战斗而不会再灰心丧气地说什么"不要去抵抗潮流"。没有人要求他去阻挡潮流，但是如果我们不去阻挡暂时陷入愚蠢举动的民众潮流，那么，真是活见鬼，我们的任务究竟是什么呢？这座光明之城的居民已经很明显地证明他们这二百万人"大部分是傻瓜"（像卡莱尔所说），但这不是我们也应当成为傻瓜的理由。如果巴黎人没有别的办法成为幸福的人，那就让他们变成反动派吧——社会革命将撇开他们继续前进，当革命成功时他们就会大叫："唉，奇怪，它已经成功了，而且没有我们，谁能想到这一点呢！"

——致劳·拉法格（1889年2月4日）<140>

* * * * *

亲爱的李卜克内西夫人，现在，我祝贺您、李卜克内西、泰奥多尔和所有其余的孩子们，别忘了盖泽尔夫人，祝贺你们节日快乐和新的一年中幸福。昨天我接到了施留特尔夫妇的来信，看来他们大家都很好。

——致娜·李卜克内西（1889年12月24日）<326>

* * * * *

老哈尼因慢性支气管炎而在恩菲耳德休息，这个星期我得抽空去看看他。可怜的人！可是有一件事情使他感到幸福：离开了美国！看看美国怎样使所有的英国人都爱起国来了，甚至爱德华也不例外，非常有意思。这完全是从关于"礼貌"和"教养"问题的争吵引起的！而且美国佬还有一套相当使人生气的做法，问你是否喜爱这个国家，对这个国家有什么看法，他们当然是希望听滔滔不绝的赞扬。因此，可怜的老哈尼对这个"自由人之国"讨厌透了，他唯一的愿望是顺利地回到"衰老的君主国"，永远不回美国佬的国家去了。恐怕他的愿望是会实现的，从身体来说，他老多了，经过八年风湿性关节炎的折磨，这也不奇怪。但在精神上，他仍旧是极爱说俏皮话和非常幽默的人。

——致劳·拉法格（1890年1月8日）<330>

* * * * *

衷心感谢你们的祝贺并向你们大家致以最好的祝愿。你们合家安好，我感到高兴，我身体也没有什么可抱怨的。去年一年里我的体重又增加了，现在我称了又有168磅，这对我来说几乎是历来最重的，而且全是健壮、结实的肌肉，不是虚胖。我的眼睛也好起来了。雾季和天短的时候，对我来说通常是威胁最大的，我身体总要差一些，但这一次我却过得比往年轻松，因此，我希望很快又可以整天工作。当我说我快70岁时，甚至医生们都不愿意相信，说我看起来要小10～15岁。当然，这仅仅是外表，而外表是靠不住的，我的外表也如此，它掩盖着种种小的症状，许多小的就构成相当大的。但是总的来说，我身体没有什么可抱怨的，当我看到许多人纯粹为了无关紧要的事而无缘无故地自寻烦恼的时候，我认为自己是幸福的，我一直精神饱满，对任何小事都能一笑置之。

——致海·恩格斯（1890年1月9日）<334, 335>

* * * * *

趁邮班截止以前匆忙给你写几行字。首先衷心祝贺你订婚。你度过了难过的日子，你的订婚表明这一切已经过去了。但愿你找到你所期待的幸福。

肖莱马和尼姆也衷心祝愿你幸福。

——致卡尔·考茨基<374>

* * * * *

今天我要告诉你一个悲痛的消息。我的善良的、亲爱的、忠实的琳蘅，在得了短期的不太痛苦的病之后，昨天白天安详地逝世了。我同她在这个房子里一起度过了幸福的7年。我们是最后的两个1848年前的老战士。现在又只剩下我一个人了。如果说马克思能够长年地，而我能够在这7年里安静地工作，这在很大程度上我们要归功于她。我还不知道现在我将怎样。听不到她对党的事务的极中肯的忠告，我会痛感到是个损失。请衷心问候你的夫人，并把这个消息告诉施留特尔夫妇。

——致弗里德里希·阿道夫·左尔格<494>

* * * * *

衷心感谢您对我已幸福度过的70岁生日的祝贺。我把这个祝贺看作是既代表您本人，也代表荷兰工人党。我祝荷兰党取得最好的成就，祝您本人身体健康、精力充沛，以便能够完成您所肩负的重要任务。我还请您向那里的同志们转达我的谢意和祝愿。

——致斐迪南·多梅拉·纽文胡斯<503>

《马克思恩格斯全集》（第三十八卷）

　　我来彭普斯这里躲几天；堆到我身上的工作实在太多了。我刚刚怀着幸福和满意的心情坐下来研究群婚制，党的纲领又落到了我的头上，而这也是我应当做的事。我本来想使绪论部分更严谨一些，但由于时间不够，未能做到；况且，我觉得更重要的是对政治要求一节中部分可以避免、部分不可避免的缺点进行分析，这样，我就有理由痛击《前进报》那种和和平平的机会主义，痛击关于旧的污秽的东西活泼、温顺、愉快而自由地"长入""社会主义社会"的论调。同时，我听说，你已向他们提出了一个新的导言，那就更好了。

——致卡尔·考茨基[119]

　　* * * * *

　　谢谢你的祝贺。我们一家，包括提德鲁姆斯，都祝愿你、你的夫人和孩子新年幸福和身体健康。提德鲁姆斯已是一只威风凛凛的雄猫，是瑞琴特公园路所有雌猫的苏丹，是所有竞争对手的劲敌。

——致卡尔·考茨基[243]

　　* * * * *

　　我幸福地度过了71岁的生日，一般说来，我觉得比五六年以前还要健壮。如能活到1900年——但不知是福还是祸——我想还能看到很多东西。你们美国运动的发展时而出现高潮，时而出现低潮，使人常常感到失望，因而也容易引起悲观情绪。我们这里所看到的欧洲运动，整个说来是在阔步前进；其中心是德国的运动，它以不可抗拒的必然之势稳步发展，因此我宁可倾向于另一个极端。关于这个问题，我给法国的一个年鉴写了点东西。一俟收到第二份年鉴，便立即给你寄去。

——致弗里德里希·阿道夫·左尔格[244, 245]

《马克思恩格斯全集》（第三十九卷）

真伤脑筋，活见鬼！昨天从维也纳拍来一份电报，从德勒斯顿拍来一份，随后早晨5点钟又从纽约拍来一份，而今天上午11点又收到你的电报，每份都是询问我的健康情况。而我很久以来还没有感到身体像现在这样好；我又能走一英里路了，圣诞节那天足足地享受了一番尘世的幸福，我现在心情极好并且颇有工作能力，而人们却无缘无故说我似乎得了重病！

——致海尔曼·恩格斯[18]

* * * * *

关于我对德国局势的看法，你可以从随信附上的《费加罗报》上的《谈话》里看出。像任何访问记一样，一些说法转述得有些走样，整个的叙述有缺陷，但总的意思是表达得正确的。我们在德国的人情绪高昂。竞选运动对他们说来是真正的幸福和愉快的事情，尽管这需要他们付出很多的心血和气力。倍倍尔开过布鲁塞尔会议以后，曾在这里度过了复活节周。从他的来信看，他觉得像获得了新生一样。除汉堡外，他在亚尔萨斯的斯特拉斯堡——1890年我们在那里是4800票对8200票——也被提名为候选人，而且很多倾向于法国的人都将投他的票。我们参加竞选的选区有100～110个，估计在这些选区可得总票数的1/3以上（参照1890年选举结果判断），而且我想，在将近80个选区里，我们不是立即通过就是在重新投票时通过。我们的人有多少会在重新投票时遇到障碍，这要看哪些候选人与我们抗衡。如果是对保守党或民族自由党，则我们当选的可能性就大；如果是对自由思想党，可能性就小一些，如果是对中央党——假如对方的候选人在军事问题上采取强硬态度的话——可能性就很小了。倍倍尔估计，从总的情况看来可望获得50～60个席位。

——致弗里德里希·阿道夫·左尔格[71, 72]

＊　＊　＊　＊　＊

我从末尾，即《论历史唯物主义》这篇附录谈起。在这里主要的事实您都论述得很出色，对每个没有成见的人都是有说服力的。如果说我还有什么异议，那就是您加在我身上的功绩大于应该属于我的，即使把我经过一定时间也许会独立发现的一切都计算在内也是如此，但是这一切都已经由眼光更锐利、眼界更开阔的马克思早得多地发现了。如果一个人有幸能和马克思这样的人一起工作40年之久，那么他在后者在世时通常是得不到本来似乎应当得到的承认的。后来，伟大的人物逝世了，他的不大出色的战友就很容易被给予过高的评价——而这种情况看来现在就正好落在我的身上。历史最终会把一切都纳入正轨，但到那时我已经幸福地长眠于地下，什么也不知道了。

——致弗兰茨·梅林[93, 94]

＊　＊　＊　＊　＊

后天，即30日，是你们的银婚之日，所以我向你们夫妇衷心祝贺这个喜庆的日子。希望你们以十分幸福和毫无忧郁的愉快心情迎接这个日子，并希望你们幸福地、健壮地度过另一个25年，直到金婚之日。

——致威廉·李卜克内西[106]

＊　＊　＊　＊　＊

在离开17年之后，我发现德国根本变了样子。和过去相比，工业有了巨大发展，大大小小的农业也大有改进，因此我们的运动也进展很快。我们的人现在享有的那点自由，是他们不得不亲自争得的，是在有关的法律已明文宣布之后，不得不专门从警察和地方行政长官那里争取到的。因此在他们的作风中明显地表现出自信和坚强，这是德国资产者从来没有的。在个别问题上，当然也还有不少缺点，比如党的报刊，特别是在柏林，与党的地位不相适应。但是群众是很出色的，大都胜过领导人，至少是胜过担任领导工作的许多人。有了这些人，什么都能够办得到，他们认为斗争是真正的幸福，他们活着就是为了斗争，如果敌人给他们安宁，他们就感到苦恼。可以肯定，他们的大多数如果不是积极欢呼，也将以轻蔑的嘲笑来迎接新的反社会党人法，因为那时他们每天都有新的事情可做了！

——致弗里德里希·阿道夫·左尔格[129]

*　*　*　*　*

好了。在整个国家生活处于这种停滞状态的情况下，政府虽然在和个别阶级的关系上处于非常有利的地位，它仍然经历着难以克服的困难：① 因为这些阶级分为多少个民族，因而他们违反战略原则，采取共同行动（反对工人），但是内部却互相（彼此之间）打仗；② 由于不断的财政困难；③ 由于匈牙利；④ 由于外部的复杂情况——总之，我认为，在这种形势下，一个有纲领、有策略并了解自身要求和如何达到这种要求的工人政党，它具有充分的意志力，此外还有克尔特-日耳曼-斯拉夫种族的幸福混合（日耳曼成分居优势地位）所产生的活跃、敏感和热情——这样的政党只要充分发挥自己的才能，便能取得非凡的成就。在别的政党自己都不知道自己的要求，政府也不知道自己的要求而且勉强度日的情况下，了解自身要求并坚决顽强地力争达到这些要求的政党，终究会胜利的。由于奥地利工人政党所希望和能够希望的，正是本国经济向前发展所要求的，事情就更是如此。

——致维克多·阿德勒[133]

*　*　*　*　*

我的健康情况比前一段时间好。消化恢复正常，呼吸通畅，夜里可睡七个小时，工作愉快。由于第三卷校样、通信、搬家、肠病等而使我中断了近一年的工作，终于又拿起来，我感到幸福。

——致格奥尔基·瓦连廷诺维奇·普列汉诺夫[383]

*　*　*　*　*

我希望，没有我参加你们也能愉快欢乐地度过婚礼日，并祝伊丽莎白新婚幸福，愿她将有可爱的子女，数目不多但结实健壮。

——致海尔曼·恩格斯[424]

《马克思恩格斯全集》（第四十卷）

本卷第一部分开头一篇文章是马克思1835年写的中学作文《青年在选择职业时的考虑》。这篇文章看来是青年马克思思想发展的起点，反映了他当时的精神面貌，表明了他愿意为全人类服务的决心。马克思在这里强调一个重要思想：不应局限在狭隘的利己主义圈子里，而要寻求最大限度地造福于整个社会的道路和手段。他写道："如果我们选择了最能为人类福利而劳动的职业……那时我们所感到的就不是可怜的、有限的、自私的乐趣，我们的幸福将属于千百万人……"（见第40卷第7页）[1]

* * * * *

尽管我们由于体质不适合我们的职业，不能持久地工作，而且工作起来也很少乐趣，但是，为了恪尽职守而牺牲自己幸福的思想激励着我们不顾体弱去努力工作。如果我们选择了力不胜任的职业，那么我们不能把它做好，我们很快就会自愧无能，并对自己说，我们是无用的人，是不能完成自己使命的社会成员。由此产生的必然结果就是妄自菲薄。还有比这更痛苦的感情吗？还有比这更难于靠外界的赐予来补偿的感情吗？妄自菲薄是一条毒蛇，它永远啮噬着我们的心灵，吮吸着其中滋润生命的血液，注入厌世和绝望的毒液。

——青年在选择职业时的考虑[5]

* * * * *

这些职业能够使才能适合的人幸福，但也必定使那些不经考虑、凭一时冲动就仓促从事的人毁灭。

——青年在选择职业时的考虑[6]

* * * * *

在选择职业时，我们应该遵循的主要指针是人类的幸福和我们自身的完美。不应认为，这两种利益是敌对的，互相冲突的，一种利益必须消灭另一种的；人类的天性本来就是这样的：人们只有为同时代人的完美、为他们的幸福而工作，才能使自己也达到完美。

——青年在选择职业时的考虑[7]

* * * * *

历史承认那些为共同目标劳动因而自己变得高尚的人是伟大人物；经验赞美那些为大多数人带来幸福的人是最幸福的人；宗教本身也教诲我们，人人敬仰的理想人物，就曾为人类牺牲了自己——有谁敢否定这类教诲呢？

如果我们选择了最能为人类福利而劳动的职业，那么，重担就不能把我们压倒，因为这是为大家而献身；那时我们所感到的就不是可怜的、有限的、自私的乐趣，我们的幸福将属于千百万人，我们的事业将默默地、但是永恒发挥作用地存在下去，而面对我们的骨灰，高尚的人们将洒下热泪。

——青年在选择职业时的考虑[7]

* * * * *

"首先，根据神是不灭的和幸福的存在物——这是关于神的一般观念所要求的，请你不要把任何与不灭相抵触的、与幸福不相容的东西加到神的头上……"（第82页）

——关于伊壁鸠鲁哲学的笔记（笔记一）[29]

* * * * *

"在欲望中，有些是自然的，有些是空虚的。在自然的欲望中有些是必需的，有些则仅仅是自然的。在必需的欲望中，有些是为幸福所必需的（例如为身体的康宁所必需的），有些则是生命本身所必需的。"（第85页）

"因为对这些事物的避免错误的直观……能使身体健康，内心平静（心灵的宁静），因为这正是幸福生活的目的。为了这个目的，我们做出一切努力以求避免痛苦与恐惧。只要此目的一达到，一切内心的纷扰就会消失，因为人再也不需要寻找什么必需的东西，也不需要去寻求其他可以使精神和肉体更安好的东西。因为我们只在由于没有快乐而痛苦时，才需要快乐；当我们不痛苦时，我们也就不再需要快乐了。"（第85页）

——关于伊壁鸠鲁哲学的笔记（笔记一）[30]

* * * * *

之所以我们说，快乐是幸福生活的开始和终结。因为我们把快乐看作第一的和天生的善，我们的一切取舍都从它出发，我们是用这种内心的感受作为标准去衡量一切的善，来达到快乐的。

——关于伊壁鸠鲁哲学的笔记（笔记一）[30]

* * * * *

凡是幸福的和不灭的东西，本身既无烦恼，也不使别人烦恼，所以它不会愤怒，也不会感激，因为一切类似的东西都是软弱所固有的。

——关于伊壁鸠鲁哲学的笔记（笔记一）[32]

* * * * *

"至于说到天象，则必须认为，运动、亏蚀、升起、降落以及诸如此类现象的发生，绝不是由于有某一个存在物似乎在支配着它们，正在或已经使它们井然有序，同时它还享有完满的幸福和不灭。"

"因为行为和忧虑，愤怒和恩惠同幸福不是一致的，它们的发生是由于同它们多半联系在一起的懦弱、恐惧和需要。也不要认为享有幸福的物体能随意进行这些运动，因为这是困难的，又与幸福相矛盾。但是在表达这一类思想的一切用语中，应保持全部虔敬，以免从它们产生出与虔敬相反的思想。如果不同意这点，这个矛盾本身就会引起内心的最大纷扰。所以必须假设，在世界产生的时候，既出现了这些凝结的物质的最初结合，也出现了运动的强制性和周期性。"（第55、第56页）

"幸福（在于）认识涉及天象的东西……特别是在于研究从这些天象中观察到的自然的性质如何，研究其他与之相近的现象的性质如何，这些现象或者以各种不同的方式出现，或者依可能性出现，或者按某种别的方式出现；但是在不灭的和幸福的自然里不存在任何东西能引起不协调或破坏心灵的宁静，这更是一条绝对的准则。只要认真想一想，就可以确信这是毫无疑问的。"

——关于伊壁鸠鲁哲学的笔记（笔记二）[45]

* * * * *

"其次，应该摆脱那种认为对这些（天）象的研究不会准确和精细的偏见，原因是这种研究只是为了使我们达到心灵的宁静与幸福。所以在注意我们地球上是多么经常地发生类似现象的同时，应该以此类推去探求天象的原因以及（一般地）未被我们认识的东西的原因。"（第57页）

——关于伊壁鸠鲁哲学的笔记（笔记二）[46]

* * * * *

"应当按照也在我们地球上发生的某些现象来认识，但是绝不应该把神性同这些现象联系在一起；神性应当彻底摆脱一切事务，处于完满的幸福之中。因为这点如果不能实现，那么对天象的一切解释将成为空话，有些人的情况就是如此，他们没有掌握各种可能的解释现象的方法，因而陷入徒劳无益的解释中去，还以为诸现象似乎只有一种解释，而否定一切其他可能的解释。因此，他们坠入不理解的境地，暴露出无能力去认识应当看作标记的具体现象，并且也不想和神一起感受快乐。"（第66、第67页）

——关于伊壁鸠鲁哲学的笔记（笔记二）[50]

* * * * *

"任何一个生物，哪怕只有一点灵性，都不会这么愚蠢，更何况一个获得完满幸福的存在物。"（第77页）

——关于伊壁鸠鲁哲学的笔记（笔记二）[52]

* * * * *

"他们（伊壁鸠鲁派）认为，幸福集中于腹部和肉体内一切其他渠道，快乐沿着这些渠道渗透进来，但痛苦却不（能渗透）；他们（认为）一切卓越的发明，一切智慧的创造，都来源于腹部提供的快乐和对快乐的向往。"（第1087页）

——关于伊壁鸠鲁哲学的笔记（笔记二）[62]

* * * * *

在希腊哲学意识的作坊里，最终从抽象的朦胧昏暗中和它黑沉沉的帷幕的覆盖下，出现在我们面前的还是充满生命力在世界舞台上行进着的希腊哲学所固有的那个形象；正是那个形象，他甚至在熊熊燃烧的壁炉中看见了神，正是那个形象，他饮尽一杯毒酒，并且像亚里士多德的神一样享受着最高的幸福——理论。

——关于伊壁鸠鲁哲学的笔记（笔记二）[71]

* * * * *

"当你听到他们论证和叫嚷说，只有具备了肉体快乐或者将要有肉体快乐时，灵魂才能得到快乐和平静——在他们看来肉体快乐乃是灵魂的最高幸福——你不觉得他们是在把灵魂当作肉体的（一种）漏斗来使用，用它（漏斗）将快乐从肉体倒出来，就像把酒从无用的破容器倒进（新容器）一样，并让它在那里陈化，以为它会变得更好更珍贵一些吗？"（第1088页）

——关于伊壁鸠鲁哲学的笔记（笔记三）[73]

* * * * *

这个意见对伊壁鸠鲁的快乐辩证法具有重要的意义，尽管普卢塔克对它也做了错误的批评。在伊壁鸠鲁看来，哲人本身就处在那种不稳定的状态，即"快乐"的规定之中。只有上帝才是"幸福"，才是那独立自在的虚无的纯粹平静，才完全没有任何规定性——因此与哲人不同，上帝不是居住在世界之内，而是在世界之外。

——关于伊壁鸠鲁哲学的笔记（笔记三）[74]

* * * * *

"因为，他们说，不公正和违法的人活得并不幸福，并且经常担惊受怕，因为，他们即使能隐瞒（自己的罪行），但终究不能坚信这些罪行不会被揭露。因此经常压在他们心头的对于未来的恐惧既不让他们快乐，也不让他们安于现状。"

——关于伊壁鸠鲁哲学的笔记（笔记三）[76]

* * * * *

"因为，尽管身上长满疥疮或者眼睛化脓很讨厌，但在身上搔一阵痒或者把眼睛擦干净却不是什么特别的事；同样，如果痛苦、对神的恐惧和对地狱的景象感到惶恐不安就是恶的话，那么摆脱上述恐惧也很难算是一件幸福和值得惊讶的事。"（第1091页）

——关于伊壁鸠鲁哲学的笔记（笔记三）[78]

* * * * *

相反，可以断言，谁如果把神性的东西当作自在的纯粹幸福、没有任何不能用概念表明的类人关系来直观，他就能比以相反的方式行事的人从这一直观中得到更大的快乐。幸福就在于想象一种纯粹的幸福，不管它看起来多么抽象——像我们在印度和尚那里看到的一样。此外，普卢塔克取消了"天意"，因为他把恶、差别同神对立起来。他以后的论述是完全不合逻辑的和含混的；此外，他在各方面都显示出，他所感兴趣的只是个人，而不是神。因此，伊壁鸠鲁说神并不关心个人，他是相当诚实的。

——关于伊壁鸠鲁哲学的笔记（笔记三）[84, 85]

* * * * *

"因此我把死亡看作一种巨大的和极完美的幸福，因为只有在那里灵魂才开始过着真正的生活，而在这里它不是真正地活着，而是处在一种梦一般的状态中。"（第1105页）

——关于伊壁鸠鲁哲学的笔记（笔记三）[90]

* * * * *

他们轻视生活，但是在这种生活中他们的原子存在就是他们的幸福，而且他们希望这种幸福是永恒的，也就是希望自己的原子存在是永恒的。如果在他们看来整个生活是一种幻影，一种坏的东西，那么他们认为他们是好人这种想法究竟从何而来呢？就只能从认为自己是原子存在这种知识中来；普卢塔克甚至断言，他们不满足于这种想法，他断言——因为经验的个人所以存在，仅仅是由于他被另一个什么人所直观——这些好人感到高兴的是：他们死后，那些迄今为止轻视他们的人现在确实看到他们是好人了，现在不得不承认这一点，并且必将为他们曾经不承认他们是好人而受到惩罚了。这是什么要求！坏人必须承认他们生前是好人，而他们自己却不承认生活的普通力量是幸福！这不是原子的傲慢达到登峰造极了吗？

———关于伊壁鸠鲁哲学的笔记（笔记三）[90, 91]

* * * * *

如果说在前面的对话中普卢塔克是试图向伊壁鸠鲁证明：信从他的哲学"不可能有幸福的生活"，那么现在他是在努力维护其他哲学家反对来自伊壁鸠鲁派的同一反驳意见的论点了。我们将看到，这一使命他是否能比前一个使命完成得更好，上一次他的论战实际上可以称为对伊壁鸠鲁的颂扬。这一对话对说明伊壁鸠鲁与其他哲学家的关系的特点是重要的。科洛特开过一个机智的玩笑，他请苏格拉底吃干草，而不是吃面包，并问他为什么不是把食物放进耳朵，而是放进嘴巴。苏格拉底专门在琐碎的事情上下功夫，这是他的历史地位的必然结果。

———关于伊壁鸠鲁哲学的笔记（笔记三）[92]

* * * * *

那一味喜欢为自己操心，而不用自己的力量去建设整个世界，做世界的缔造者的人，正受到精神的诅咒，被开除教籍，不过这是从相反的意义上说的；他被赶出教堂并且失去了永恒的精神快乐，于是也不得不以想象中的个人幸福来哄骗自己，夜里梦见自己。

"幸福不是对美德的奖赏，而是美德本身。"

———关于伊壁鸠鲁哲学的笔记（笔记四）[112]

* * * *

须知问题在于，远古时候——
世代的凡人清醒时偶尔看见，
神的美妙的容貌；而更经常的是在梦中，
对神的强大的身躯感到惊异。
那时人们赋予神以感觉能力，

因为他们好像能够活动肢体，

并且说着一些配得上，

他们那光辉的容貌和魁梧躯体的豪言壮语。

人们还认为神的生命是永恒的，

因为他们的容貌永不改变，

他们的形象始终如一；

但是主要是人们认为神的威力无边，

看来什么力量都不能制服他们。

而人们以为他们的幸福无与伦比，

因为死的恐惧不会令任何一个神担忧。

在梦境中人们还看见，

神毫不费力地做出许多伟大的奇迹。"（第1169行及以下几行）

——关于伊壁鸠鲁哲学的笔记（笔记五）[134, 135]

* * * * *

"神是幸福的、不死的，自身无忧无虑，也不给别人添烦恼。"（《皮浪的基本原理》第3卷第155页）

——关于伊壁鸠鲁哲学的笔记（笔记五）[147]

* * * * *

"伊壁鸠鲁……本人……说过：'谁要是不觉得他拥有的东西是最美满的，他即使当了全世界的统治者，也仍然不会幸福'。"（同上，第30页）

"伊壁鸠鲁认为，构成上述最高幸福的有两种善：即肉体无痛苦和精神得安宁。"（第66封信，第241页）

"因为伊壁鸠鲁说，害病的膀胱和发炎的肚子给他带来痛苦，痛苦达到无以复加的地步：但这对他说来仍不失为幸福的一天。"（第66封信，第242页）

——关于伊壁鸠鲁哲学的笔记（笔记六）[149]

* * * * *

你把伊壁鸠鲁看作是你的怠惰的庇护者，并认为他教导那种使人怠情的愉快和导致快乐的东西，但是伊壁鸠鲁说："哲人很少得到幸福。"
（第1卷，《论哲人的坚强》，第416页）

我至少是持这种意见的（我这样说会使我的同道者们不满），我认
为伊壁鸠鲁的学说是完美而正确的，如果进一步考察的话，也是严肃
的：著名的"快乐"的作用是渺小的和没有意义的，而我们对美德提出
的要求，他对快乐提出来了。他要求快乐要合乎本性，而满足本性（所
需）的东西不多。由此究竟该得出什么结论呢？那种把无所事事的闲暇
和整天价吃喝淫荡称作幸福的人，想为不道德的事寻找一位体面的辩护
士。当他在诱人的称呼的怂恿下朝这里走来的时候，他追求快乐，但并
不是别人告诉他的那种快乐，而是他自己带来的那种快乐。（第1卷，
《论幸福的生活》，第542页）

　　　　　　　　　——关于伊壁鸠鲁哲学的笔记（笔记六）[150]

* * * * *

"据伊壁鸠鲁说，"谁将自己的欲望缩小到这种地步（面包和水这
样一些本性所需要的东西，参见第110封信，第545页），谁就可以和丘
比特争论什么是幸福。"（第25封信，第97页）

　　　　　　　　　——关于伊壁鸠鲁哲学的笔记（笔记六）[152]

* * * * *

可见，神并不滥施恩惠，他无牵无挂，对我们毫不关心，他甚至不
理睬这世界，他对善行和恶行都无动于衷。他做点什么别的事情，或者
什么事情也不做（伊壁鸠鲁觉得这是最大的幸福）。（第1卷，《论善
行》，第4册，第4章，第699页）

这里应该肯定伊壁鸠鲁的见解是正确的，他一再抱怨我们对过去忘恩
负义，忘记了我们已得到的幸福，甚至不把它们当作快乐，其实没有哪一
种快乐比这种再不会失去的快乐更可靠。（第1卷，《论善行》，第3
册，第4章，第666页）

　　　　　　　　　——关于伊壁鸠鲁哲学的笔记（笔记六）[155]

* * * * *

"加尔格蒂的伊壁鸠鲁深信不疑地说：'谁对少量的东西感到不满

足，他就会对什么都感到不满足。'他还宣称，只要有了面包和水，他就准备同任何人辩论什么是幸福。"（《论适度》，谈话录十七，第158页）

"但是我们要注意那些枯燥乏味的哲学家，对他们来说，快乐与本性不符，而是伴随着符合本性的东西，即正义、自制和自由。那么到底为什么小小的肉体幸福能使精神快乐和平静，正如伊壁鸠鲁所说的那样呢"（《论非适度》，谈话录六，第81、第82页）

——关于伊壁鸠鲁哲学的笔记（笔记六）[157]

* * * * *

关于命运，他们（毕达哥拉斯派）是这样表述的：在命运中确乎有某种神性的成分，因为某些人从神那里得到启示去做好事或者去做坏事。并且显然正是由于这个原因，一些人是幸福的，另一些人则是不幸的。大家亲眼看到有这样的现象，有的人做事轻率不加考虑，却往往是很有成就；而相反地，另一些人，尽管他们事先反复商量和考虑，如何正确处理某件事，但结果一无所获。还有命运的另一种表现，它使一些人有天赋、有才干、什么都能做，而另一些人则没有才干，因为他们具有相反的禀性；前一种人不管预计达到什么目的都能达到，而后一种人希望总是落空，因为他们从来不能正确地而是紊乱地进行思考。但是这种不幸天生就已存在，而非外界造成的。（《自然的牧歌》，第1卷，第16页）

——关于伊壁鸠鲁哲学的笔记（笔记六）[158]

* * * * *

梅特罗多罗斯在他的题为《论幸福与其说来源于外部环境，不如说来源于我们自身》的论文中说道："精神的幸福，若不是身体的健康，和继续保持健康的可靠希望，还会是别的什么呢？"（《地毯集》，第2卷，第417页）

——关于伊壁鸠鲁哲学的笔记（笔记六）[160]

* * * * *

德谟克利特不赞成婚姻和生育子女，因为这会带来无穷的烦恼并使人把更必要的事丢开。伊壁鸠鲁和所有那些把快乐以及无骚动和无痛苦看作幸福的人，都同意他的观点。（《地毯集》，第2卷，第421页）

——关于伊壁鸠鲁哲学的笔记（笔记六）[161]

　　* * * * *

　　如果是这样，那么伊壁鸠鲁的这句著名的格言就说得对："凡是幸福和永恒的东西，它自身既无所事事，也不麻烦他人；所以不知愤怒为何物，也不怀感恩之情，因为此类感情……只是软弱的象征。"

——关于伊壁鸠鲁哲学的笔记（笔记七）[164]

　　* * * * *

　　第19章"当由无数的形象产生接连不断的一系列非常相似的印象并上升到神时，紧张地贯注于这些印象上的我们的思维以极大的快乐获得关于幸福的和永恒的本质的概念。"

　　"还有，巴尔布，你们平常还问我们神的生活是怎样的和他们的一生是怎样度过的。显然（他们的生活）如此美好，再也想不出什么更幸福、更充满应有尽有的富贵的了。实际上他（神）什么也不做，与任何事务无关，不负担任何工作。他享受自己的明哲和美德的快乐，他真正相信他将永远生活在最大的不朽的幸福之中。"

　　第20章"我们可以公正地说这个神是幸福的，而你们的神真命苦：事实上，或者神只不过是宇宙本身——那么还有什么可能比一刹那也不停顿地以惊人的速度沿着天轴转动更不平静的呢？而没有平静则无所谓幸福。或者在世界本身之中存在着某一个神，他主宰着宇宙，他管理着宇宙，他指引星球运转，维持四季的变化、万物的更迭和秩序，并且观察着陆地和海洋，保护人们的美好生活和生命：（你看）他真正担负着繁重和十分困难的事务。而我们认为幸福的生活在于精神的安宁，在于摆脱任何职责。因为那个（解释）其他（一切东西）的人教导我们，世界是自然地产生的：它不是某个巨匠的艺术作品。而这与你们否定自然无须神的艺术也能创造、正在创造或已经创造出无数个世界相比，并不更难想象。因为你们不明白：自然是如何无须任何理性而创造这一切，所以你们就像悲剧诗人那样，在无法想象出戏的结局时，便求助于神。假使你们四处看到的都是无边无际的巨大空间，在这个巨大的空间里，精神急急奔驰，到处漫游，但是它看不到它可以停下来的任何最后边界，那么当然你不会希望得到神的帮助。总之，在这个宽度、长度和深度方面都无穷无尽的（空间）里，飞驰着数量上多得无穷的原子；这些原子虽然被虚空所分开，但是他们互相联结着，彼此连接，连绵不断；由此产生了万物的各种形态和形状，而你们会认为没有铁砧和风箱它们的形成是不可能的。可这样一来你们就把一个永恒的统治者强加在我们头上，使我们不分昼夜地畏惧他。的确，谁不有点儿畏惧这么一个神呢？这个神预见一切、想到一切、觉察一切、认为一切都和他有关，好奇地盯着眼睛包揽一切事务。"

——关于伊壁鸠鲁哲学的笔记（笔记七）[165]

* * * * *

那么这就是你的真理吗？因为我丝毫也不反对幸福生活，而按照你的意见，如果神不处于绝对的平静和悠闲之中，连他也享受不到这种生活……

——关于伊壁鸠鲁哲学的笔记（笔记七）[166]

* * * * *

那么我同意假定万物都是由原子构成的。但这究竟和问题有什么关系呢？须知谈的是关于神的本性的问题。就算神也是由原子构成的吧。因而，他们不是永恒的，因为凡由原子构成者，皆应在某一个时候形成。如果他们（神）是在过去形成的，那么在他们产生之前便没有任何神。而如果神有生，那么根据必然性（神）必定有死，你本人在此不久之前关于柏拉图的宇宙就是这样议论的。这样那里还有你们用来表示神的两个著名的词："幸福的和不朽的"。正当你们想证明这一论点的时候，你们便陷入无法通过的密林。例如，你曾说，神没有躯体，但有类似躯体的东西，神没有血，但有类似血的东西。

关于伊壁鸠鲁哲学的笔记（笔记七）[167]

* * * * *

但是因为这就是至高的，极大的或最终的幸福，希腊人称为"终极目的"——因为一切都可以归结为它，而它不能归结为别的——不得不承认，至善就是过愉快的生活。

150

——关于伊壁鸠鲁哲学的笔记（笔记七）^{〈172〉}

*　*　*　*　*

第19章"关于那种永远幸福的哲人，伊壁鸠鲁是这样描写的：他的欲望是有限度的，对死无动于衷，对不朽的神他毫无畏惧地抱有正确的看法、他会毫不犹豫地——如果这样更好的话——离开人世。由于有这样的精神状态，他总是生活在快乐之中——因为他无时无刻不感到快乐多于痛苦：实际上，他以感激的心情回忆起过去并把握住现在，意识到现在是多么有意义和愉快；他不听命于未来，而是（泰然自若地）等待着未来，并享受现在……当他把蠢人的生活和自己的（生活）加以比较时，他心中充满极大的快乐；而如果遭到痛苦，那么它永远不会达到使哲人感到悲多于欢的这种剧烈程度。"

——关于伊壁鸠鲁哲学的笔记（笔记七）^{〈173〉}

*　*　*　*　*

第12章"伊壁鸠鲁……这样说：在智慧提供给幸福生活的全部内容之中最有意义、最有益处、最愉快的莫过于友谊……"

——关于伊壁鸠鲁哲学的笔记（笔记七）^{〈174〉}

*　*　*　*　*

斯多葛派的波西多尼乌斯、尼古拉和索蒂昂指责伊壁鸠鲁，说他把德谟克利特关于原子的学说和亚里斯提卜关于快乐的学说当作他自己的学说加以宣扬。学院派的科塔问西塞罗："在伊壁鸠鲁的物理学中究竟有什么东西不是属于德谟克利特的呢？伊壁鸠鲁诚然改变了一些地方，但大部分是重复德谟克利特的话。"西塞罗自己也说："伊壁鸠鲁在他特别夸耀的物理学中，完全是一个门外汉，其中大部分是属于德谟克利特的；在伊壁鸠鲁离开德谟克利特的地方，在他想加以改进的地方，恰好就是他损害了和败坏了德谟克利特的自然哲学和伊壁鸠鲁的自然哲学的一般差别德谟克利特的地方。"但是虽然有许多人指责伊壁鸠鲁，说他诽谤过德谟克利特，然而与此相反，据普卢塔克说，莱昂泰乌斯断言，伊壁鸠鲁很尊敬德谟克利特，因为德谟克利特在他之前就宣示了真理的学说，因为他早就发现了自然的原理。在《论诸哲学家的见解》这一著作中，伊壁鸠鲁被称为按照德谟克利特的精神进行哲学思考的人。普卢塔克在他的著作《科洛特》里走得更远。当他依次将伊壁鸠鲁同德谟克利特、恩培多克勒、巴门尼德、柏拉图、苏格拉底、斯蒂尔蓬、昔勒尼派和学院派加以比较时，他力求得出这样的结论："伊壁鸠鲁从整个希腊哲学里吸收的是错误的东西，而对其中真正的东西他并不理解。"在《论信从伊壁鸠鲁不可能有幸福的生活》中也充满了类似的敌意的暗讽。

——第一部分 德谟克利特的自然哲学和伊壁鸠鲁的自然哲学的一般差别；二、对德谟克利特的物理学和伊壁鸠鲁的物理学的关系的判断[196, 197]

* * * * *

伊壁鸠鲁在哲学中感到满足和幸福。他说："要得到真正的自由，你必须为哲学服务。凡是倾心降志地献身于哲学的人，他用不着久等，他立即会变得自由，因为服务于哲学本身就是自由。"因此他教导说："青年人不应该耽误了对哲学的研究，老年人不应该放弃对哲学的研究。因为对于关心灵魂的健康来说，谁也不会是为时尚早或者为时过晚。谁如果说，研究哲学的时间尚未到来或者已经过去，那么他就像那个说享受幸福的时间尚未到来或者已经过去的人一样。"德谟克利特不满足于哲学而投身于经验知识的怀抱，而伊壁鸠鲁却轻视实证科学，因为按照他的意见，这种科学丝毫无助于达到真正的完善。他被称为科学的敌人，语法的轻视者。人们甚至骂他无知。在西塞罗的书中曾提到，有一个伊壁鸠鲁派的人说："但是，并非伊壁鸠鲁是没有学识的人，而是那些以为直到老年还应去背诵那些连少年人都以不知其为耻的东西的人，才是无知的人。"

——第一部分 德谟克利特的自然哲学和伊壁鸠鲁的自然哲学的一般差别；三、把德谟克利特的自然哲学和伊壁鸠鲁的自然哲学等同起来所产生的困难[202]

* * * * *

人们曾经嘲笑伊壁鸠鲁的这些神，说它们和人相似，居住在现实世界的世界和世界之间的空隙中，它们没有躯体，但有类似躯体的东西，没有血，但有类似血的东西；它们处于幸福的宁静之中，不听任何祈求，不关心我们，不关心世界，人们崇敬它们是由于它们的美丽，它们的威严和完美的本性，并非为了某种私利。

——第二部分 论德谟克利特的物理学和伊壁鸠鲁的物理学在细节上的差别；第一章 原子脱离直线而偏斜<215>

* * * * *

第一，不要认为，对天体现象的研究，无论就整个研究而言或就个别部分而言，除了和研究其余的自然科学一样能够获得心灵的宁静和坚定的信心之外，还能达到别的目的。我们的生活需要的不是意识形态和空洞的假设，而是我们要能够过恬静的生活。正如生理学的任务一般是研究最主要的事物的原因一样，这里幸福也是建立在对天体现象的认识基础上的。关于日月出没的学说，关于星辰的位置和亏蚀的学说，本身并不包含有关幸福的特殊根据；不过恐惧却支配着那些看见这些现象但不认识它们的性质及其主要原因的人。直到今天，关于天体现象的学说据说对其他科学所拥有的优越地位才被否定了，这一学说才被置于和别的科学同等的地位。

——第二部分 论德谟克利特的物理学和伊壁鸠鲁的物理学在细节上的差别；第五章 天体现象<236>

* * * * *

所以，亚里士多德和其他希腊哲学家是一致的，他也认为天体是永恒的和不朽的，因为它们是永远按照同一方式运行的；亚里士多德甚至赋予它们以特殊的、最高的、不受重力约束的因素，而伊壁鸠鲁却与他直接对立，断言情况正好相反。天体现象学说与其他一切物理学说特别不同的地方在于：在天体现象中一切都是多种多样地和不规则地发生的；在天体现象中一切都必须用多种多样的、多到不能确定的理由来解释。伊壁鸠鲁愤然对反面意见进行了猛烈的驳斥，他认为，那些坚持一种解释方式而排斥所有别的解释方式的人，那些在天体现象中只承认唯一的、因而也就是永恒的和神的本原的人，陷入了占星术士的虚妄解说和奴役式戏法；他们超出了自然科学的界限而投身于神话的怀抱；他们力求完成那不可能的事情，为毫无意义的东西而枉费精力，他们甚至不知道心灵的宁静本身正是在这里遭遇到危险。他们的空谈应该受到轻视。必须尽量摆脱这样一种成见：似乎对于那些对象的研究，因其目的仅仅在于使我们得到心灵的宁静和幸福，所以是不够彻底、不够精细的。相反地，绝对的准则：一切破坏心灵的宁静、一切引起危险的东西，不可能属于不可毁灭的和永恒的自然。意识必须明白，这是一条绝对的规律。

——第二部分 论德谟克利特的物理学和伊壁鸠鲁的物理学在细节上的差别；第五章 天体现象[237, 238]

* * * * *

第欧根尼·拉尔修，第10卷第122页："青年人不应该耽误了对哲学的研究，老年人不应该放弃对哲学的研究，因为对于关心灵魂的健康来说，谁也不会是为时尚早或为时过晚。谁如果说，研究哲学的时间尚未到来或者已经过去，那么他就像那个说享受幸福的时间尚未到来或者已经过去的人一样。让老年人和青年人都来研究哲学吧；这样，前者在垂老之年可以从过去美好生活所给予他的幸福中获得青春，后者虽然年轻但亦能和老人一样对未来无所畏惧。"参看亚历山大里亚的克雷门斯，第4卷第501页。

——附注 第一部分 德谟克利特的自然哲学和伊壁鲁的自然哲学的差别；三、把德谟克利特的自然哲学和伊壁鸠鲁的自然哲学等同起来所产生的困难[252]

* * * * *

第欧根尼·拉尔修，第10卷第80节："其次，必须避免一种偏见，以为对这些（天体）现象的研究是不准确和不精细的，因为它只是使我们达到宁静和幸福的目的。"

——附注 第一部分 德谟克利特的自然哲学和伊壁鲁的自然哲学的差别；三、把德谟克利特的自然哲学和伊壁鸠鲁的自然哲学等同起来所产生的困难[256]

* * * * *

第欧根尼·拉尔修，第10卷第78节："正如自然科学的任务一般是研究最主要现象的原因一样，在研究天体现象的过程中的幸福也来源于此。"

第欧根尼·拉尔修，第10卷第79节："关于日月的降落和升起的学说，关于星辰的位置和亏蚀以及与此有关的现象的学说，本身丝毫不能增进从认识得到的幸福。不过恐惧却支配着那些看见这些现象但不认识它们的性质及其主要原因的人。如果他们事先认识这些现象，他们也许会更加感到恐惧。"

——附注　第二部分　论德谟克利特的物理学和伊壁鸠鲁的物理学在细节上的差别；第五章　天体现象[279]

＊　＊　＊　＊　＊

同上，第97节："其次，轨道的规律性应当对比我们地球上发生的某些现象去认识，但是绝不应该把神性和这些现象联系在一起；神性应当彻底摆脱一切事务，而去享受它最完满的幸福。因为这点如果不能实现，那么对天体现象所做的一切解释都将成为空话。有些人的情况正是如此，他们没有掌握解释现象的方法的各种可能性，因而陷入徒劳无益的解释中去，认为各种现象似乎只能有一种解释，而否定一切其他可能有的解释。因此，他们就坠入不可理解的境地，暴露出没有能力敏锐地把握那些应当看作标志的具体现象。"

——附注　第二部分　论德谟克利特的物理学和伊壁鸠鲁的物理学在细节上的差别；第五章　天体现象[280]

＊　＊　＊　＊　＊

第欧根尼·拉尔修，第10卷第80节："必须尽量摆脱这样一种成见：似乎对于那些对象的研究，因其目的仅仅在于使我们得到心灵的宁静和幸福，所以是不够彻底，不够精细的。"

第欧根尼·拉尔修，第10卷第78节："绝对的准则：一切引起危险、一切破坏心灵的宁静的东西，不可能属于不可毁灭的和幸福的自然。意识必须明白这是一条绝对的规律。"

——附注　第二部分　论德谟克利特的物理学和伊壁鸠鲁的物理学在细节上的差别；第五章　天体现象[281]

＊　＊　＊　＊　＊

霍尔巴赫《自然体系》（1770年伦敦版）第二部分第9页："关于这些如此强大的力量的观念永远是和恐惧的观念结合在一起的；这些强大力

量的名字永远使人们回想起他们自己的灾难或者他们的祖先的灾难。我们现在还害怕，因为千百年以前我们的祖先就感到害怕。神的观念在我们身上总是引起悲惨的念头……就是现在，每当我们听到神的名字时，恐惧和忧郁的想法就涌上心头。"参看第79页："如果把道德建筑在那种道德不高、行为变化不定的神的品格之上，那么人无论在他对于神的义务方面，在他自己对自己的义务方面，在他对别人的义务方面，都始终不可能知道他该怎么办。因此最有害的事莫过于劝人相信存在着一种超人的力量，在这个力量面前，理性必须默不作声，并且，要是你想成为一个幸福的人，就必须为这个力量牺牲在这地上的一切。"

——附录 批评普卢塔克对伊壁鸠鲁神学的论战 （一）人对神的关系

1.恐惧和彼岸人[282]

* * * * *

> 只有一瞬间心里觉得——
> 　幸福、愉快和平静，
> 但马上又奇怪地云散烟消，
> 而恶毒的萨蹄尔就在发笑。
>
> 　　　　——《爱之书》第一部 两重天[395]

* * * * *

> 那时候我情愿永远流泪，
> 和你呼吸与共，甘苦同尝，
> 愿把头俯贴亲爱的胸脯，
> 永远幸福地安息你身旁。
>
> 　　　　——《爱之书》第一部 夜[395]

* * * * *

> 远方爱人的形象，
> 亲切脸庞的光泽，
> 在歌手眼前浮沉，
> 只有在两种场合：
> 当他的情怀在激荡，

享受着欢乐的时光，
或在幸福热潮里，
纵情歌唱的时际。
——《爱之书》第一部 人的自豪<408, 409>

* * * * *

不是他不想尝到幸福，
不是他不想得到平静——
而是他心中的激情澎湃奔腾，
命中的魔鬼催赶他走上征程。
——《爱之书》第一部 歌手的爱情<412, 413>

* * * * *

和谐幸福的世界，
沉没在黑暗之中，
尽善尽美的精华，
都化成过眼烟云。
——《爱之书》第一部 歌手的爱情<414>

* * * * *

他是多么心满意足！
又搏斗得疲惫不堪。
他越是感到幸福，
也就越加痛苦难捱。
——《爱之书》第一部 歌手的爱情<415>

* * * * *

你顺从爱神的旨意，
终于对我转意回心，
我满腔幸福充沛，
你容光焕发生辉。

——《爱之书》第一部 惜别的晚上[432]

* * * * *

如今意中人就在面前，
她容光焕发，神态高尚，
看见她美丽的面容，
幸福的痛苦颤动心房。

——《爱之书》第一部 惜别的晚上[435]

* * * * *

当那幢可爱的屋子——幻想的幽境，
接待我这个风尘仆仆的客人时，
丈夫已经拥抱着你，
陶醉在幸福的美境里……
绝望……和迷惘涌上心头，
犹如闪电一样。

——《爱之书》第一部 终曲[437]

* * * * *

毒液从你甜蜜的手，
马上注满了我的心胸，
原来多么幸福的目光，
充满了辛酸和悲痛。

——《爱之书》第二部 毒液[444]

* * * * *

他容光焕发，
好像正在飞翔，
他感到幸福，
和生活的甜香！

——《爱之书》第二部 架子之歌[445]

* * * * *

  但他不把暴风雨放在心上，
   他深深地沉入幻想，
  他在不断寻找幸福的谜底，
  寻找他那无法实现的梦乡。

       ——《爱之书》第二部 幻影[462]

* * * * *

  他想要挣脱开羁绊，
   去把至善了解一番，
   看一看天上的幸福，
   也瞧一瞧地狱深处。

       ——《爱之书》第二部 幻影[463]

* * * * *

  欢乐的歌声消失了，
   艺术的美梦破灭了，
  失去了和神接触的机会，
  幸福的甜蜜也不再返回。

       ——《爱之书》第二部 转变[473]

* * * * *

  为了幸福，领袖和光荣，
   杰皮迪人打得很勇猛，
   妻子同他们患难与共，
   愤怒与仇恨燃烧在胸中。

     ——《歌之书》阿尔博英和罗莎蒙德[495]

* * * * *

  我们将一道前往金色的南方，
   那儿等着咱的是幸福与阳光，
   呵！有个魔鬼向我打手势，

招引我走向高高的白杨！

——《歌之书》阿尔博英和罗莎蒙德^{<507>}

* * * * *

你莫要飞离我身旁，
　幸福和你连在心上，
　和你一起多自由舒畅，
　莫飞走啊莫那么匆忙！

——《歌之书》心灵曲^{<512>}

* * * * *

而它披上破衣褴褛，
　那外表丑陋又虚伪，
　火海中诞生的言辞——
　似冰刀把心肝割碎；
悲伤和渴望之情，尚未平静，
　却在渐渐地变得僵冻冷凝，
　接受了他人的面容脸色，
　把和你一起的幸福丢失。

——《歌之书》两个女竖琴手^{<519>}

* * * * *

我拒绝他们的礼品，
　我不需要这些废物，
　不管拿什么也代替不了，
　哪怕是拿天堂的极乐幸福！

——《歌之书》致燕妮^{<521>}

* * * * *

我们站在那儿，陶醉在——
　甜蜜欢乐的一瞬间。
　大地铺满了幸福，

160

草地上百花竞放，
这瑰丽的画面上，
洒满了雨露阳光。

——《歌之书》幻想曲[537]

* * * * *

我们吸收心灵的火光，
和生活中甜蜜的芳香，
伴随爱情而来的幸福，
朝着我们像鲜花开放。
两颗心孕育的幸福，
放射出美妙的光芒，
它躲开种种不幸的灾难，
在我们心中燃起了希望。

——《歌之书》幻想曲[539]

* * * * *

呵！那一片痴心妄想，
原来只是美梦一场。
在生活里并没有幸福，
快乐躲在该死的远方。
陌生的影子在缠着你，
于是来了另一个黎明，
向着你问候并致敬意，
吹来的风使人感到异样。

——《歌之书》幻想曲[540]

* * * * *

燕妮，果真是幸福降临？
果真你答应我的爱情？
你愈加坚强地挺起了胸膛，
虽然你保持同情默不作声。

　　　　天空正时刻加紧驱散——
　　　　　笼罩在我心头的阴云，
　　　　但晴朗的天空在你的美丽面前，
　　　　在你奇异的魅力跟前也要黯然。

——《歌之书》致燕妮 十四行诗[552]

＊　＊　＊　＊　＊

　　　　心灵却不能理解，一片茫然，
　　　　　命运的抑郁使它泪水汪汪，
　　　　　在烟雾弥漫中不断奔忙，
　　　　失去幸福使它如此悲伤。

——《歌之书》致燕妮 十四行诗[553]

＊　＊　＊　＊　＊

　　　　燕妮！岁月如流，往事恼人，
　　　　　前进的道路啊并不平坦，
　　　　　　让万种愁情在暴风雨中
　　　　或者在静夜里慢慢消散……
　　　　只要幸福之光刚一倾注闪亮，
　　　　赐给咱爱情，救星就在爱中藏。
　　　　我们的眼里将放射喜悦的光芒，
　　　　星星将向我们温柔地闪闪发亮。

——《歌之书》致燕妮 十四行诗[557]

＊　＊　＊　＊　＊

　　　　我能在群星之中——
　　　　　看到燕妮的名字，
　　　　天上和风把它带给我，
　　　　　仿佛吹来幸福的信息。
　　　　我将永远反复歌唱它——愿大家知道，
　　　　燕妮的名字本身就是爱情的化身。

——《歌之书》致燕妮 十四行诗[559]

* * * * *

亲爱的卡尔，你是幸福的，像你这样年纪的年轻人能得到这样的幸福是少有的。在你刚踏上人生的一个重要历程的时候就找到了朋友，而且是一个比你年长又比你老练的可敬的朋友。要善于珍惜这种幸福。友谊就这一字眼的真正的经典的含义来说，是生活中最美好的明珠，而在你这样的年纪，这种友谊则是生命的明珠。你能不能对这个朋友信守不渝，永远做个无愧于他的人，这将是对你的性格、你的才智和心肠，尤其是对你的道德的最好考验。

　　——附录 亨·马克思致卡尔·马克思（1835年11月18—29日）^{〈831, 832〉}

* * * * *

你务必——你虽秉性善良，但缺乏自制——保持平静，要抑制住这些激动情绪，同样不要使那个应该得到安静而且也需要安静的人内心激动。你妈妈、我、索菲娅（一个善良而很有自制力的姑娘）在情况许可的范围内都在关照你，而幸福也必将为奖励你的努力对你报以微笑，为此付出辛劳是值得的。

　　——附录 亨·马克思致卡尔·马克思（1836年12月28日）^{〈851〉}

* * * * *

你的前途，你要在某一时候成名的这种值得赞许的愿望，以及你当前所处的顺境——这一切不仅是我记挂在心上的事情，而且也是我内心深处早就珍藏着的幻想。但是，其实这些感情大多是软弱的人才有的，而且也都是些没有摆脱诸如骄傲、虚荣、自私之类的糟粕的感情。但是，我可以向你保证，即便这些幻想成了现实，也不会使我感到幸福。只有当你的心始终是纯洁的，它的每一次跳动都是真正人道的，任何一个恶魔都不能把你心中比较高尚的情操赶跑——只有那时候，我才会得到我从你那里梦寐以求的幸福。否则，我将看到我一生最美好的目的被毁灭。而我又何必要如此难过并且还可能使你感到不快呢？其实，我并不怀疑我的儿子是爱我和你的慈爱的母亲的，而我们的最脆弱之点是什么，你自己也是知道得很清楚的。

　　——附录 亨·马克思致卡尔·马克思（1837年3月2日）^{〈858, 859〉}

* * * * *

我并不想冒犯你，当然，也不愿使你伤心，因为实际上我的心是很软的，生怕委曲了你而后悔。但是，问题不仅在于我为此而受苦，你的慈祥的母亲也为此而受苦。这一层我或许还能忍受下来。没有哪个人的私心比好父母的私心更少。但是，为了你自身的幸福，我不能不说这段话，而且，在我未确信你已经从你本应非常高尚的性格中抹掉这个污点之前，我将继续说下去。不久，你将成为，而且一定会成为一家之父。但是，无论荣誉、财富或名誉都不能使妻子儿女幸福。只有你，你的良好的"自我"，你的爱，你的温柔的举动，抑制暴躁性格、发脾气和神经过敏的能力等，才能使他们幸福。我现在已经不是在谈我自己，而是促使你注意那即将使你受到约束的纽带。

你自己说过，你是幸福的宠儿。愿至仁的上帝一路保佑你，只要孱弱的人性允许这样做。但是，即便是最幸福的人也有忧伤的时刻；无论对哪一个凡人，太阳都不会永远露出微笑。但是，对于幸运儿，人们理所当然地可以要求他拿出男子汉的勇敢、镇定、容忍和朝气来与暴风雨相抗争。我们有权要求过去的幸福成为保护我们免遭一时的苦难的铁甲。幸福的人的心是充实、宽广而坚强的，它不是那么容易让人撕碎的。

——附录 亨·马克思致卡尔·马克思（1837年8月12日）^{<864，865>}

《马克思恩格斯全集》（第四十一卷）

对正统主义者来说，当他们观看拉辛的戏剧时能忘掉革命、忘掉拿破仑和伟大的一周，必定感到欣慰之至。Ancienrégime的光辉复苏了，世俗的沙龙挂上了织花壁毯，独裁者路易身穿锦缎背心、头戴蓬松假发，漫步在凡尔赛的修剪整齐的林荫道上，宠姬的那把万能扇子统治着幸福的宫廷和不幸的法兰西。

——弗·恩格斯著作《时代的倒退征兆》<34>

* * * * *

最后，当我们走下庸人思想的堤坝，从令人窒息的加尔文教派的正统思想束缚下冲出来，进入自由精神的广阔天地时，我们感到多么幸福啊！赫尔弗特斯莱斯港消失了，伐耳河的左右两岸都淹没在澎湃欢腾的浪涛之中，含沙的黄水变成一片绿色，让我们现在忘掉留在我们后面的东西，兴高采烈地奔向碧透澄澈的河水！

——弗·恩格斯著作《风景》<94>

* * * * *

你攀上船头桅杆的大缆，望一望被船的龙骨划破的波浪，怎样溅起白色的泡沫，从你头顶高高地飞过；你再望一望那遥远的绿色海面，那里，波涛汹涌，永不停息，那里，阳光从千千万万舞动着的小明镜中反射到你的眼里，那里，海水的碧绿同天空明镜般的蔚蓝以及阳光的金黄色交融成一片奇妙的色彩——那时候，你的一切无谓的烦恼、对俗世的敌人和他们的阴谋诡计的一切回忆都会消失，并且你会融合在自由的无限精神的自豪意识之中！我只有过一次印象是能够同这种体验相比的：当最了不起的一位哲学家的神的观念，19世纪最宏伟的思想，第一次呈现在我面前的时候，一阵幸福的战栗在我身上掠过，宛如从晴空飘来的一阵清新的海风吹拂在我身上；思辨哲学的深邃，宛如无底的大海展现在我面前，使那穷根究底的视线，怎么也无法从海上移开。我们是在神的怀抱中生活着，行动着，存在着！在海上，我们开始意识到这一点；我们感到周围的一切和我们自己都充满了神的气息；整个大自然使我们感到如此亲切，波涛是如此亲密地向我们频频点头，天空是如此可爱地舒展在大地之上，太阳闪烁着非笔墨所能形容的光辉，仿佛用双手就可以把它抓住。

——弗·恩格斯著作《风景》[96]

* * * * *

我想，这已经足以说明条顿狂同我们时代的关系，现在就可以像阿伦特在书中对条顿狂所作的分析那样，对它的各个方面作详细的评论了。把阿伦特同今天的一代人分割开来的鸿沟最明显地表现在：在他看来，国家生活中无足轻重的东西正是我们要为之付出鲜血和生命的东西。阿伦特宣布自己是坚定的君主主义者——就算是这样吧。至于是立宪君主主义者呢，还是专制君主主义者，他可闭口不谈。差别就在这里：阿伦特和他的全体伙伴们都认为，国家的幸福就在于君主和人民彼此真诚相爱，致力于谋求普遍的幸福。相反，我们则坚决主张，统治者和被统治者之间的关系，在它能够成为并且保持这种亲善的关系之前，首先应当在法律上确立起来。首先是法律，尔后才是公道！哪有一个君主会坏到不爱自己的臣民，而且这个君主之不被人爱——我在这里指的是德国——就因为他是人民的君主？又有哪一个君主敢于夸口说，从1815年以来，他就已经使自己的人民大大地前进了呢？我们现在拥有的一切，难道不是我们自己的创造？尽管受到控制和监督，这一切难道不是我们的吗？可以大谈君主和人民的爱，而且，自从写出《祝福你，戴着胜利的花冠》这首歌的伟大诗人唱着"自由人的爱保卫着众诸侯高高在上的险峰"以来，对这个题目不知有过多少永无休止的无稽之谈。可以把目前从某一方面威胁着我们的那种统治方式称为与时代精神相适应的反动。造就高等贵族的世袭法庭，使"可尊敬的"市民等级重新恢复的行会，对一切所谓历史幼芽的支持，这些幼芽其实不过是些修剪下来的枯枝残茎而已。

——弗·恩格斯著作《恩斯特·莫里茨·阿伦特》[152, 153]

* * * * *

"疾病是对罪孽的惩罚，如果上帝恩赐的信仰不打碎这种惩罚的锁链，同一血统的几代人都会由于自己的罪孽不仅在肉体上，而且在精神上遭到折磨。一个人犯了罪，忏悔并不能使他免除肉体上的惩罚；例如，一个人由于淫荡作孽而烂掉了鼻子，忏悔不可能恢复他的鼻子；同样，因为祖辈爱吃未熟的葡萄，直到现在其子孙后代的牙齿天生就没有光泽；一个人如果不借助于坚定的信仰，精神上的惩罚将一直起作用。常常有这样的情况，如果一个人终生骄奢淫逸和作恶多端，虽然看起来一生过得幸福，但是给子孙后代留下了严重神经错乱的病根，这种病根在他们身上急剧发展，直到曾孙——在他的心灵中没有一个幸福的词能找到利于生长的土壤——由于性病的后果而陷入极端沮丧，在绝望中拿起剃刀割断自己的喉管，承受造孽的曾祖父应受的惩罚。"

——弗·恩格斯著作《同莱奥论战》[313]

* * * * *

这种庸人是不幸的人，然而，由于愚蠢，他们同时又幸福之至，因为他们把自己的愚蠢看作是绝顶聪慧。

——弗·恩格斯书信 致弗里德里希·格雷培和威廉·格雷培（1838年9月17—18日）[423]

* * * * *

我当然懂得幸福感，这是每一个使自己同上帝处于一种亲近的、至诚的关系的人，不管是唯理论者还是神秘主义者，都会体验到的感觉。但是，你对这种感觉弄清楚了，撇开圣经上的语句好好想一想，你就会发现，这种感觉是一种意识，即人类来源于上帝，你作为人类的一部分是不会死亡的，饱经人间和阴间的忧患以后，摆脱了全部尘世的和罪恶的东西，你应当回到上帝的怀抱中去。这就是我的信念，它使我得到安慰。

——弗·恩格斯书信 致弗里德里希·格雷培（1839年7月12—27日）[506]

＊ ＊ ＊ ＊ ＊

我信教并不是由于魅力；我所以信教是因为我懂得了再也不能这样浑浑噩噩地过日子了，是因为我要悔罪，是因为我渴望同上帝通功。我甘愿牺牲自己最珍惜的东西，抛弃我最大的欢乐和至爱亲朋，我使自己在世人面前处处暴露自己的弱点。我发现在这个问题上普吕马赫尔是一个可以交谈的人而感到说不出的高兴。我情愿忍受他对先定说的狂热信仰；你自己知道，这对我说来是个严肃的、神圣的问题。我当时感到幸福——我意识到这点——现在仍然感到很幸福；我祷告的时候充满信心，感到愉快；我现在仍然如此而且更甚于当时，因为我在斗争，需要支持。但我从来没有感受过经常从我们的教堂讲坛上听到的那种令人心醉神迷的极大幸福。我的宗教信仰曾经是而且现在仍然是平静的、幸福的安宁，如果我死后这种安宁还能保持，我将感到满意。

　　——弗·恩格斯书信 致弗里德里希·格雷培（1839年7月12—27日）[509]

《马克思恩格斯全集》（第四十二卷）

马克思在《手稿》中详尽地论述了异化和异化劳动的问题。"异化"概念在马克思以前的德国哲学著作中曾广泛使用过。而马克思首先把异化同私有制的统治和私有制统治下的社会制度联系起来，用异化来分析劳动与资本的关系。他指出，在私有制统治下，"劳动所生产的对象，即劳动的产品，作为一种异己的存在物，作为不依赖于生产者的力量，同劳动相对立"，"对对象的占有竟如此表现为异化，以致工人生产的对象越多，他能够占有的对象就越少，而且越受他的产品即资本的统治"（见本卷第91页）。劳动的异化不仅表现在工人同劳动产品的关系上，而且表现在工人同生产行为本身的关系上："劳动对工人说来是外在的东西，也就是说，不属于他的本质的东西"；在这种劳动中，工人"不是感到幸福，而是感到不幸，不是自由地发挥自己的体力和智力，而是使自己的肉体受折磨、精神受摧残"；"这种劳动不是他自己的，而是别人的；劳动不属于他"。（见本卷第93、94页）

——说明<Ⅲ>

* * * * *

"人类追求完善化的能力，或者说，不断地从科学和幸福的一个阶段过渡到另一个更高的阶段的能力，看来在很大程度上取决于这样的人所组成的阶级：他们是自己时代的主人，也就是说，他们相当富有，根本不必为取得能过比较安乐的生活的资财而操心。科学的园地就是由这个阶级的人来培植和扩大的；他们传播知识；他们的子女受到良好的教育，准备担任最重要的和最美好的社会职务；他们成为立法者、法官、行政官员、教师、各个领域的发明家、人类赖以扩大对自然力的控制的一切巨大和有益的工程的领导者。"（第65页）"最幸福的人是拥有中等财产的人。"他们不依赖于人，"他们必然享受全人类所应享受的种种乐趣"。因此，"这个阶级应当成为社会的尽可能大的组成部分。为此，绝对不容许人口由于加紧资本积累而增长到这样的程度，以致投入土地的资本的收入非常之少。资本的收入应当大到足够使社会上很大一部分人能够享受余暇所提供的好处"。如果人口超过了必要的数量，那么这种情形"就会减少社会幸福在很大程度上所依赖的剩余产品储备，而不是增加年产品中减去必须用来补偿消耗的资本和维持工人生活之后的剩余产品额"（第67页）。

——詹姆斯·穆勒《政治经济学原理》一书摘要 关于工资[11]

* * * * *

如果社会财富处于衰落状态，那么工人所受的痛苦最大。因为，即使在社会的幸福状态中工人阶级也不可能取得像所有者阶级所取得的那么多好处，"没有一个阶级像工人阶级那样因社会财富的衰落而遭受深重的苦难"。

——1844年经济学哲学手稿[51]

* * * * *

但是，既然按照斯密的意见，大多数人遭受痛苦的社会是不幸福的，既然社会的最富裕的状态会造成大多数人的这种痛苦，而国民经济学（一般是私人利益占统治地位的社会）又会导致这种最富裕的状态，那么国民经济学的目的也就在于社会的不幸。

——1844年经济学哲学手稿[53, 54]

* * * * *

"它像大征服者那样冷酷无情地浪费那些构成它的军队的人的生命。它的目的是占有财富，而不是人的幸福。"（毕莱，同上，第20页）"这种利益（经济利益）如果听之任之……就必然要互相冲突；它们除了战争再无其他仲裁者，战争的判决就是使一些人失败和死亡，使另一些人获得胜利……科学在对抗力量的冲突中寻求秩序和平衡：按照科学的意见，连绵不断的战争是获得和平的唯一方法；这种战争就叫作竞争。"
（同上，第23页）

———1844年经济学哲学手稿[60, 61]

* * * * *

首先，劳动对工人说来是外在的东西，也就是说，不属于他的本质的东西；因此，他在自己的劳动中不是肯定自己，而是否定自己，不是感到幸福，而是感到不幸，不是自由地发挥自己的体力和智力，而是使自己的肉体受折磨、精神遭摧残。因此，工人只有在劳动之外才感到自在，而在劳动中则感到不自在，他在不劳动时觉得舒畅，而在劳动时就觉得不舒畅。因此，他的劳动不是自愿的劳动，而是被迫的强制劳动。因而，它不是满足劳动需要，而只是满足劳动需要以外的需要的一种手段。劳动的异化性质明显地表现在，只要肉体的强制或其他强制一停止，人们就会像逃避鼠疫那样逃避劳动。外在的劳动，人在其中使自己外化的劳动，是一种自我牺牲、自我折磨的劳动。最后，对工人说来，劳动的外在性质，就表现在这种劳动不是他自己的，而是别人的；劳动不属于他；他在劳动中也不属于他自己，而是属于别人。在宗教中，人的幻想、人的头脑和人的心灵的自己活动对个人发生作用是不取决于他个人的，也就是说，是作为某种异己的活动，神灵的或魔鬼的活动的，同样，工人的活动也不是他自己的活动。他的活动属于别人，这种活动是他自身的丧失。

———1844年经济学哲学手稿[93]

* * * * *

由于缺乏交易和交换的能力或倾向，这些不同的天赋和不同程度的智力活动不能汇集在一起，因而丝毫不能增进同类的幸福和便利。

———1844年经济学哲学手稿[145]

* * * * *

在他们中间，大家都幸福和愉快；那里没有纠纷，相反，他们的整个寓所充满了友爱的气氛，各个方面都秩序井然和有条不紊，而这一点是无与伦比的。

———现代兴起的今日尚存的共产主义移民区记述[225]

* * * * *

　　"节俭"城有三条既长又宽的街道，与五条同样宽的横马路相交叉；城里有一座教堂，一家旅馆，一个毛棉丝纺织厂，一个养蚕房，一个为满足本社成员需要兼向外人售货的小百货店，一个博物标本室，各种手工业作坊，农用建筑物以及为各家各户建造的宽敞美观的住宅，每所住宅都有一个大花园。这座城市拥有的耕地，其长度等于步行两小时的路程，宽度等于4小时的路程，它有大葡萄园和一个占地37摩尔根的果园，还有庄稼地和草地。它有将近450名成员，人人穿得好、吃得好、住得舒适；他们是快乐、满意、幸福和有道德的人，已经多年不知道什么是贫困了。

——现代兴起的今日尚存的共产主义移民区记述[227]

* * * * *

　　友爱的破产、节约的破产是谄媚者的破产，他只希望他的债权人幸福，如果不得已而使他们破费，就会觉得难过，他迫使他们同意打50%的折扣，以免吞没一切的司法从中干预。他使债权人明白，他要把他们当朋友看待，他珍视他们的利益。他深切感谢他们向他表示的好意，他一想到还得让他们负担诉讼费就心里不安。于是这些花言巧语和其他的阴谋诡计诱惑了一些人，也使另一些人由于害怕吞没一切的司法而做出让步。

　　善意的破产，这显然是使债权人占便宜的破产。这是怎样做到的呢？只要破产者窃取的不多，只窃取40%，并且对余下的做出保证，十分可靠的保证。这被看成是幸运的事，以致公证人都向聚在一起的债权人祝贺，祝贺他们做了一桩极好的买卖，赢得了幸福之神的"真正的善意"。10 000法郎只损失4 000法郎，收回6 000法郎，这是真正的利益。对商业还不习惯的人是不会珍惜这种善意的，他想全部索回他的10 000法郎，并且认为，有人偷了他4 000法郎。这是多么不体面的态度啊！一个人从您那儿只拿走了40%的折扣，而且在其他方面像对待朋友那样对待您，却硬说他偷了您的财产！

　　有情意的破产发生在这样一些人身上，他们向您说些动人心弦的话，对债权人大谈其同情心和美德，以致债权人如果不马上让步，如果认为替这样的好人——这些人十分热爱被他们侵吞了钱财的债权人——承担义务并不是幸福，那就成为野蛮人了。这一类人付出的是动听的理由和谄媚的赞词，他们抓住债权人的同情心，同他只谈论他的和他们的美德。在谈话

172

结束时，债权人就会感到关系大大改善了，并且发现自己有许多美德，这些美德足以抵偿被侵吞的钱数。他少了几千法郎，却多了一些美德，这对好心肠的人说来是一笔纯利润。

——傅立叶论商业的片断[339, 340]

* * * * *

第五个问题：这是一些什么原理呢？

答：例如，每个人都追求幸福。个人的幸福和大家的幸福是不可分割的，等等。

——共产主义信条草案[374]

* * * * *

伯尔尼，3月10日。就像比利时是立宪的资产阶级和思想家的"模范国家"一样，大家都知道，瑞士是共和主义的资产阶级和思想家的理想。在瑞士，没有国王的统治，不存在贵族，赋税适度，国泰民安——唯一可指责的是些往事，耶稣会教徒和宗得崩德58的活动。甚至最近还有一家激进报纸《新德意志报》对瑞士的安宁和知足表示羡慕。我们感到痛心，我们干扰了瑞士公民对幸福和安乐的纯朴观念，我们不得不指出在"最真切反映自由的镜子里"的丑陋污点。

——模范共和国[228]

* * * * *

这就是人民的精神。人民，不要分裂、不要阶级统治的人民已经掌握了主宰的权力，他们把自己的每个成员看成是一个庞大躯干的相互协调的肢体。人民要以自己的意志来指导自己的生活、安排自己的工作。创造自己的幸福。

——《新莱茵报》创办发起书[487]

* * * * *

然而，从意志到行动，从决定到实行之间还有一段很大的距离，还有一段艰辛的路程。有各种各样的困难挡住去路。不仅必须战胜恶意，更要克服无能。在这里需要不遗余力地克服愚昧无知、狭隘的分立主义和独霸一切的欲望；在这里，必须使由等级不同、地域不同所引起的利益冲突服从于一个建立和维护共同福利的共同的制度，在这里，必须根据一个伟大民族的生活条件安排劳动、交往和消费，这个伟大民族不是靠战争和剥削而是靠和平交换和共同协作来谋求全体和每一个人的幸福。

——《新莱茵报》创办发起书[488]

* * * * *

至于为什么选择科伦市作为办报的地点，对这一点无须做任何特别的说明。科伦，这个莱茵省的省会，整个西德意志的首府，为出版大型报纸提供了地利和所需的物质条件，在德国大概再也找不到其他这样的地方了。再者，在科伦，在劳动和交往条件方面肯定将会出现具有进步意义的变化；而且撇开当地居民的爱国心不讲，仅他们的地方利益就会使他们同情一切增进全民族幸福的改良。

——《新莱茵报》创办发起书[489]

《马克思恩格斯全集》（第四十四卷）

但是，请相信，神圣同盟在筹划时没有予以考虑的人民，很快就会制止所有这一切阴谋诡计，只要神圣同盟一开始实现自己的计划，人民立刻就会予以制止。因为无论是在法国还是在德国，人民都保持着警惕，而且值得庆幸的是，一旦要进行全面的、决定性的和公开的斗争，人民有足够的力量压倒自己的一切敌人。那时民主的敌人们将恐惧地看到，1848年和1849年的运动与那场将把欧洲的旧制度烧光，并照耀着胜利的各国人民走向自由、幸福和光荣的未来的遍地大火相比，简直算不了什么。

——法国来信[37, 38]

* * * * *

"劳动的市场价格是根据供求比例的自然作用实际支付的价格。劳动缺乏时就昂贵，充足时就便宜。当劳动的市场价格超过其自然价格时，工人的境况就幸福……但如果由于高工资刺激人口的繁殖，工人的人数增加，那么，工资又会降到它的自然水平，而且由于反作用"，常常"还会低于这一水平。在后一种场合，工人的境况最惨……只有在贫困使工人的人数减少，或者对劳动的需求增长之后，劳动的市场价格才会再提高到它的自然水平"……在日益进步的国家中，劳动力市场价格在一段不定的时期内可能高于它的自然价格："因为增加的资本推动对劳动的新的需求之后，新增加的资本又会产生同样的推动作用；因此，如果资本的增加是逐渐地、不断地发生的，那么，对劳动的需求就会不断地推动人口的增长"（第78页）。

——关于大·李嘉图《政治经济学和赋税原理》（Ⅳ）论工资[124]

* * * * *

"革命的动因与其说是当时社会所遭受的贫困,不如说是贫困的持久性,这会导致任何幸福的消除和消灭"(第36页)。因此,革命的原因是社会的趋势。人民不是乐观派,也不是悲观派;他们不要求完满的社会制度,但是希望"存在幸福和美德的趋势";"当他们面前出现贫困和堕落的趋势时",他们就起来反抗(第37页)。

对蒲鲁东的《十九世纪革命的总观念》一书的批判分析;第二篇《十九世纪的革命有充分的理由吗?》;1.《社会趋势的规律·1789年革命只完成了它的一半事业》[166]

* * * * *

普鲁士人认为,他们在自由派和议会的管理下比我们自由和幸福。说实在的,法国皇帝建立法国的伟大和幸福。

——皇帝拿破仑第三和普鲁士[442]

《马克思恩格斯全集》（第四十五卷）

"爱尔兰雅各宾党人"的声明中说：

声 明

"决议认为……这个王国（指爱尔兰王国）没有国民的政府，因为基本的人民群众在议会中没有代表。不把选举权普及全体公民，爱尔兰人民实际上就根本不能颁布自己的法律。没有不分宗教信仰的全体爱尔兰人真诚、坚定、持久的团结，绝对不可能取得选举权。一个多世纪以来使得我们的同胞——这个王国的天主教徒——处于比愚昧的非洲人还低下的地位的惩治法典，对我们生活于其中的国家来说是一种耻辱……为了达到这个最理想的目的（承认人的天赋权利），我们恳求我们在爱尔兰、英格兰和苏格兰的同胞不分宗教信仰，都来考虑召开全国代表会议的问题，召开这样一次代表会议是为了征求人民的意见，以找出最有效的办法来实现彻底的和全面的议会改革——此目的不实现，这个王国就永无幸福之日，等等。"

——从美国革命到1801年合并的爱尔兰[62]

* * * * *

易洛魁人的宗教崇拜是一种对神恩的感谢，向大神和众小神祈祷，希望继续把幸福赐给他们。（参看摩尔根：《易洛魁人的联盟》，第182页）

——路易斯·亨·摩尔根《古代社会》一书摘要[414]

* * * * *

"立法价值的尺度"……也就是"最大多数人的最大幸福"（第87页）。

——亨利·萨姆纳·梅恩《古代法制史讲演录》一书摘要[576]

* * * * *

这一点斯特兰奇也是知道的，不过他加了一句话：教会的牧师在别的地方也干得并不更好！梅恩，这位英国庸人，把整个原始状态解释为"群体对其成员的专制"（第327页）！那时——即原始时代——边沁还没有发明梅恩认为很好地代表着新时代的"现代"立法的公式和动力："最大多数人的最大幸福"。啊，你这位柏克司尼弗！

——亨利·萨姆纳·梅恩《古代法制史讲演录》一书摘要[640]

* * * * *

在马克思谈话当中天色晚了下来。英国夏日傍晚的长时间黄昏来临了；他建议在这个海滨城市散散步，沿着海岸到海滨浴场去，我们看到成千上万的人在那里玩，主要是孩子。我们在沙滩上还看到他一家人：他的已经欢迎过我的妻子、两个女儿带着小孩，还有他的两位女婿，其中一位是伦敦皇家学院的教师，另一位似乎是著作家。这是非常美满的一家——总共大约十来个人——两个为有自己的孩子而感到幸福的青年妇女的父亲，和孩子们的充满生活乐趣、富有女性温柔的外婆。卡尔·马克思在做外公的艺术方面和维克多·雨果比起来也毫不逊色，但马克思更幸福，因为他的出了嫁的女儿使他的晚年过得愉快。

——卡尔·马克思同《太阳报》通讯员约翰·斯温顿谈话记[721]

* * * * *

"人人幸福是国家的目的……对这一点的保证，以及对共同性的不断完善的保证，应当由社会国家来提供"（第21页）。

所有这些话在魏特林那里一个字也找不到。人人幸福是国家的目的这句话可能是阿德勒先生无意中写的。他常常跟着某些现代社会主义者重复这句话，所以他的笔自动地一下子把"人人幸福"同"国家"这个词联到一起了。否则我们就无法解释这句话。我们在魏特林那里是没见过这句话的。他谈的只是"社会的改造"，而不是国家的改造。关于后者，他是怎样想的，我们可以举两个例子。

——卡尔·马克思同《太阳报》通讯员约翰·斯温顿谈话记[730]

《马克思恩格斯全集》（第四十六卷）

只是还要顺便指出，他所说的兰达省的分成农，那兼受雇佣工人的不幸和小资本家的遭遇的人，如果领取固定工资，确实是会感到幸福的。

——《巴师夏和凯里》第十四章：论工资[13]

* * * * *

这种关系最初得以表现的条件，或者说表现为生成这种关系的历史前提的那些条件，乍一看来表现出某种二重性：一方面是活劳动的比较低级形式的解体；另一方面（对直接生产者来说）是比较幸福的关系的解体。

——《政治经济学批判》资本章 第二篇 资本的流通过程[462]

* * * * *

"等量劳动，在任何时候和任何地方，对于完成这一劳动的工人必定具有相同的价值。在通常的健康、体力和精神状况下，在工人能够掌握通常的技能和技巧的条件下，他总要牺牲同样多的安逸、自由和幸福。他所支付的价格总是不变的，不管他以劳动报酬的形式得到的商品量有多少。诚然他用这个价格能买到的这些商品的量，有时多有时少，但这里发生变化的是这些商品的价值，而不是购买商品的劳动的价值。可见，劳动本身的价值永远不变。由此看来，劳动是商品的实际价格，而货币只是商品的名义价格。"（亚当·斯密《国民财富的性质和原因的研究》，热尔门·加尔涅的新译本，附译者的注释和评述，1802年巴黎版第1卷第65、第

66页）

　　"你必须汗流满面地劳动！"这是耶和华对亚当的诅咒。而亚当·斯密正是把劳动看作诅咒。在他看来，"安逸"是适当的状态，是与"自由"和"幸福"等同的东西。一个人"在通常的健康、体力、精神、技能、技巧的状况下"，也有从事一份正常的劳动和停止安逸的需求，这在斯密看来是完全不能理解的。诚然，劳动尺度本身在这里是由外面提供的，是由必须达到的目的和为达到这个目的而必须由劳动来克服的那些障碍所提供的。但是克服这种障碍本身，就是自由的实现，而且进一步说，外在目的失掉了单纯外在必然性的外观，被看作个人自己自我提出的目的，因而被看作自我实现，主体的物化，也就是实在的自由——而这种自由见之于活动恰恰就是劳动——这些也是亚当·斯密料想不到的。

　　不过，斯密在下面这点上是对的：在奴隶劳动、徭役劳动、雇佣劳动这样一些劳动的历史形式下，劳动始终是令人厌恶的事情，始终是外在的强制劳动，而与此相反，不劳动却是"自由和幸福"。这里可以从两个方面来谈：一方面是这种对立的劳动；另一方面与此有关，是这样的劳动，这种劳动还没有为自己创造出（或者同牧人等的状况相比，是丧失了）这样一些主观的和客观的条件，在这些条件下劳动会成为吸引人的劳动，成为个人的自我实现，但这绝对不是说，劳动不过是一种娱乐，一种消遣，就像傅立叶完全以一个浪漫女郎的方式极其天真地理解的那样。真正自由的劳动，例如作曲，同时也是非常严肃，极其紧张的事情。

　　　　　　——《政治经济学批判》资本章 第二篇 资本的流通过程[112]

　　　　* * * * *

　　已完成的财富的生产者可以分为加工软质材料的工人和加工硬质材料的工人；他们通常都是在雇主的直接管理下工作的，雇主的目的是依靠他们所雇用的人的劳动来赚钱。在采用化学的工厂制度和机械的工厂制度以前，作业是在有限的规模内进行的；有许多小业主，每个小业主都雇用少数短工，这些短工期望经过相当的年限自己也成为小业主。他们通常在一个桌上吃饭，生活在一起；在他们之间充满了平等的精神和感情。自从生产中开始广泛采用科学力量，这方面逐渐发生了变化。几乎所有的工厂为了得到成功，现在都必须从事大规模经营和拥有大宗资本。资本少的小业主很少有成功的机会，特别是在加工软质材料如棉花、羊毛、亚麻等的工业中更是如此。现在确实很明显，只要现在的社会结构和现在的业务经营方式一直保持下去，小业主就会越来越受到拥有大资本的人的排挤，而且以前生产者之间的那种比较幸福的平等，定将让位于人类历史上前所未有的雇主和工人之间的极端不平等。大资本家现在上升到发号施令的主宰者的地位；他间接地任意摆布他的奴隶的健康和生死。他通过与他自己利益一致的其他大资本家的结合而获得这种权力，从而有效地迫使他所雇用的人服从他的意志。现在大资本家在财富中游泳，如何正确使用财富，他没有学习过，所以他不懂。他靠自己的财富取得了权力。他的财富和他的权力蒙蔽了他的理智；当他极其残酷地进行压迫时，他还以为他是在布施恩惠……他的雇工，人们这样称呼他们，而实际上是他的奴隶，被置于极端绝望的境地；他们大部分人失去了健康、家庭之乐、闲暇和童年时有益健康的户外游戏。由于没有止境的单调的操作造成体力的过度消耗，他们变得任性放纵，不会思考或深思熟虑。他们除了下流的娱乐之外，不可能有任何体育、智育或精神方面的消遣；他们与一切真正的生活乐趣是无缘的。总之，很大一部分工人在当前制度下所过的生活是没有意思的。

——《政治经济学批判》资本章 第二篇 资本的流通过程[227]

* * * * *

"这似乎是一个自然规律：穷人在一定程度上是轻率的，所以，总是有一些人去担任社会上最卑微、最肮脏和最下贱的职务。于是，人类的幸福基金大大增加，比较高雅的人们解除了烦劳，可以不受干扰地从事比较高尚的职业等。"（约·唐森《论济贫法》1817年伦敦再版第39页）"用法律来强制劳动，会引起过多的麻烦、暴力和叫嚣，引起敌意等，而饥饿不仅是和平的、无声的和持续不断的压力，而且是刺激勤勉和劳动的最自然的动力，会唤起最大的干劲。"（同上，第15页）

——《政治经济学批判》资本章 第三篇 资本是结果实的东西[375]

《马克思恩格斯全集》（第四十七卷）

"当货币供物质生产用时，它们就称为资本。"（亨·施托尔希《政治经济学教程》（让·巴·萨伊注释）1823年巴黎版第 1 卷第207页）

    ——第一篇 资本的生产过程 第一章 货币转化为资本[170]

* * * * *

"可见，戴尔先生采取的措施和他对孩子们的幸福的温情的关怀，最终几乎完全是徒劳无益的。他让这些孩子为他劳动，如果他们不劳动，他就不能维持他们的生活。"（同上，第65页）

    ——第一篇 资本的生产过程 第二章 绝对剩余价值[252]

* * * * *

"这似乎是一个自然规律，穷人在一定程度上是轻率的，所以，总是有一些人去担任社会上最卑微、最肮脏和最下贱的职务。于是，人类幸福基金大大增加，比较高雅的人们解除了烦劳，可以不受干扰地从事比较高尚的职业等。"（同上，第39页）"济贫法有一种趋势，就是要破坏上帝和自然在世界上所创立的（Ⅲ—113页）这个制度的和谐与优美、均称与秩序。"（同上，第41页）

    ——第一篇 资本的生产过程 第二章 绝对剩余价值[263，264]

* * * * *

"人类哲学历史的非常显著的结果是，社会在人口、工业和教育方面的进步，始终是靠牺牲广大人民群众的健康、才能以及智力的发展而得来的……大多数人的个人幸福因少数个人的幸福而牺牲了，如果同野蛮相联系的生活无保障不会为了繁荣而使天平的一端下降，那么，就会产生疑问，野蛮或繁荣这两种情况，究竟应该选择哪一个好呢。"（亨·施托尔希《政治经济学教程》（让·巴·萨伊注释）1823年巴黎版第3卷第342、343页）

  ——第一篇 资本的生产过程 第四章 相对剩余价值和绝对剩余价值[609]

《马克思恩格斯全集》 （第四十八卷）

这种关系最初得以表现的条件，或者说表现为生成这种关系的历史前提的那些条件，乍一看来表现出某种二重性：一方面是活劳动的比较低级形式的解体；另一方面对直接生产者来说是比较幸福的关系的解体。一方面是奴隶制和农奴制的解体；另一方面是这样一种形式的解体。在这种形式中，生产资料是直接作为直接生产者的财产而存在的，不管直接生产者的劳动主要用于创造使用价值（农业劳动），或者用于创造交换价值（城市劳动）。最后，是这样一种公社形式的解体，在这种形式中，劳动者作为这种自然发生的公社的器官同时成为自己的生产资料的所有者或占有者。

——第一篇 资本的生产过程 第八章 所谓原始积累[101]

* * * * *

食品昂贵造成这样一种局面（在没有强制性法律的情况下）：贫苦的劳动者"既不能较轻易地活下去……也不能更加紧张地干活"，因此，值得自豪的英国农民赢得了"合理的幸福"。（第14、第15页）

——第一篇 资本的生产过程 第八章 所谓原始积累[112]

* * * * *

非常能说明问题的是，这个家伙在历数"强制人们从事劳动和竭尽全力"的种种手段时，竟没有想到改进报酬即提高工资。相反地，从他的著作中可以看到，恰好在采用机器生产的前夕，英国对劳动的需求比劳动的供给增长得更快；以嫉妒的目光注视着农业工人已经赢得的"合理的

185

幸福"的工业资产阶级，正竭尽全力反对日益提高的工资标准。机器的采用恰好发生在这样的时候，这时，资产阶级的首领们为了在劳动求过于供的情况下增加供给而又不致提高工资，已经绞尽了脑汁。只有当人们千方百计要降低工资时，机器才真正被采用。

——第一篇 资本的生产过程 第八章 所谓原始积累[114]

* * * * *

他在下面的一段话中描述了他所设想的英国工人所赢得的合理的幸福"状态，并且他还歪曲了真相，因为他所说的法国工人是指农业工人，而据他自己证明，当时的英国农业工人也已经处在同样的"合理的幸福"状态之中。（当时的定居法86规定了工厂工人和农业工人在工资上的不一致。）

——资本的生产过程 第八章 所谓原始积累[115]

* * * * *

"工人看到一个接一个的机器发明，似乎可以指望明显地降低手工劳动的量，但是，尽管这些发明仿佛是保证所有的人富裕、空闲和幸福的手段，工人们却看到，社会大部分人的劳动并没有减少，而他们的生活条件如果不是变得更坏，那也没有什么重大改善。"（托·罗·马尔萨斯《人口原理》，三卷集，1817年伦敦第5版第2卷第272、第273页）

——第四篇 其他问题（2）第X XI笔记本的片断[492]

* * * * *

这个家伙疯狂反对工厂工人，说什么应该使他们回到当时农业工人已经有的"幸福状态"。他的著作非常重要。从他的著作中部分地可以看出，在大工业建立前不久，工厂中的纪律还很不够；劳动的供给还不符合需求；工人还远没有把自己的所有时间看作是属于资本的时间。当然，当时工人中间还有不少粗鲁行为，但并不比他们的天然首长中间多。为了消除这些缺点，作者建议：对生活资料征收高额税，因为这正如歉收一样，会迫使工人劳动，实行普遍归化，以促进工人中间的竞争，以及伪造铸币（增加货币量）等。除了机器以外，这家伙要求的所有其他东西，实际上很快就出现了：粮食的高价格、大量的人头税、流通货币的贬值——这些情况导致了工资水平的下降，而且在1815年使工厂的赤贫者有幸和那些代表"精明强干的英国农民"的"贫民"并列。下面这些话，在一定程度上对阐明当时工厂工人实际进行劳动的劳动时间来说，同样地对阐明资本力图迫使工人以全力劳动（以及使他们养成勤劳的习惯，不断劳动的习惯）来说，是最为重要的。

——第四篇 其他问题（4）第ⅩⅩ3笔记本的片断[536]

* * * * *

"我国农业工人就是这样干活的（每周干6天活），看来他们是我国所有劳动贫民中最幸福的人。"

下面，这个家伙在他的著作中自己也承认，这些"幸福的"人的工资已达到了生理上的最低额，因此，如果不提高工资的话，即使生活资料税只增加一点，他们也负担不了。

"但是荷兰人在工厂中也是这样干活的，而且看来是一个很幸福的民族。法国人也是这样劳动，只要不是中间插入假日的话。"（《论手工业和商业》1770年伦敦版第55页）

——第四篇 其他问题（4）第ⅩⅩ3笔记本的片断[539]

* * * * *

"有节制的生活和不断的劳动，对于穷人来说，是通向合理的幸福的直接道路，也是通向国家富强的直接道路。"（同上，第54页）

他所谓的穷人的"合理的幸福"，究竟是什么东西，从下面这一点就可以一目了然：他曾把农业"工人"描绘为"最幸福的人"。他自己就在他的著作的另一个地方说："但是，农民……能够生活得不错时，也正是粮食最便宜的时候……他们的劳动力常常是紧张的；他们既不可能生活得比现在更坏，也不可能劳动得更加紧张。但对工场手工业工人来说，情况远非如此。"（同上，第96页）

可见，穷人的"合理的幸福"就是这样。

——第四篇 其他问题（4）第ⅩⅩ3笔记本的片断[541, 542]

《马克思恩格斯全集》（第五十卷）

　　我没有必要来说她的个人品德了。这是她的朋友们都知道而且永远不会忘记的。如果说有一位女性把使别人幸福视为自己的幸福，那么这位女性就是她。

——著作（1840～1894年）[371]

　　*　*　*　*　*

　　我心里想：诉苦没有什么用，穷贫时没有什么人会帮助，一个人当他能够怜悯别人时才是幸福的。

——燕妮·马克思致卡尔·马克思[514]

后　记

　　本人正在研究的国家社会科学基金重点项目，以及稍前的连续两个国家自然科学基金、几个上海市课题，都集中于"幸福经济学"领域。在研究过程中，和团队成员们查阅了汗牛充栋的中外文献，感觉到编一套《幸福经济学选读》，与对于幸福经济学有兴趣的其他研究者和普通读者们，实现资源共享，应该是一个很有学术意义和生活意义的工作。

　　本书出版由国家社会科学基金重点项目（项目批准号15AJL007）资助，是我们多卷本《幸福经济学选读》的一个分册。除我和蒲德祥、任海燕外，参加本书工作的团队成员还有银辉、徐小芳、邵薇娜、黄曦、李子秦、毛俊韬、何宁、谭同举、邹围。

　　感谢知识产权出版社。

　　感谢各位读者。

　　欢迎批评。